Carl Medearis

Einfach von Jesus sprechen

Eine Anleitung für den Alltag

Carl Medearis

EINFACH VON JESUS SPRECHEN

Eine Anleitung für den Alltag

Aus dem amerikanischen Englisch
von Doris C. Leisering

SCM
Hänssler

SCM

Stiftung Christliche Medien

SCM Hänssler ist ein Imprint der SCM Verlagsgruppe, die zur Stiftung Christliche Medien gehört, einer gemeinnützigen Stiftung, die sich für die Förderung und Verbreitung christlicher Bücher, Zeitschriften, Filme und Musik einsetzt.

MIX
Papier aus verantwortungsvollen Quellen
FSC® C014496

Übersetzung: Doris C. Leisering
Umschlaggestaltung: Kathrin Spiegelberg, Weil im Schönbuch
Titelbild: Pixel Creative/lightstock.com
Satz: typoscript GmbH, Walddorfhäslach
Druck und Bindung: GGP Media GmbH, Pößneck
Gedruckt in Deutschland
ISBN 978-3-7751-5935-7
Bestell-Nr. 395.935

INHALT

EINLEITUNG

Ich lehnte gerade am Gartenzaun und unterhielt mich mit meinem Nachbarn, als sich ein Gedanke in meinem Hirn festsetzte und sich weigerte, wieder zu verschwinden. Der Gedanke, der zu diesem Buch führte. Eigentlich war es ein Tag wie jeder andere gewesen.

John harkte Laub. Ich harkte Laub. Da ich ein umgänglicher Mensch bin, rief ich ihm zu: »Hallo John, wie geht's?«

So wie introvertierte Menschen auf der ganzen Welt versuchte er, eine Weile so zu tun, als wäre ich nicht da. Als das nicht funktionierte, gab er mir eine ziemlich tiefgründige und markige Antwort: »Hallo.«

Mein erster Instinkt war natürlich, einfach zur nächsten Gartenarbeit überzugehen und dabei unglaublich beschäftigt auszusehen, so als hätte ich nicht bemerkt, dass er mich eigentlich nicht bemerken wollte. (Ja, ich bin in dieser Hinsicht ebenso unsicher wie jeder andere auch.)

Ich weiß nicht genau warum, aber ich unterdrückte diesen Instinkt und kratzte gerade genug Mut zusammen, um zu unserem gemeinsamen Gartenzaun zu schlendern. Ich lehnte mich lässig daran, so als hätte ich keinerlei Sorgen und würde nicht an all das denken, was ich tun könnte, anstatt mit diesem Nachbarn zu reden, der ganz eindeutig mehr zu tun hatte als ich und sowieso nicht mit mir reden wollte. Ich sah *echt* lässig aus, wie ich da so am Zaun lehnte. Und dann fragte ich ihn: »Na, John, was machst du so?«

Er schaute auf, stützte sich auf seine Harke und sagte: »Laub harken.«

John war nicht sehr gesprächig. So wie die meisten meiner Nachbarn fragte er sich vermutlich, womit ich eigentlich meinen Lebensunterhalt verdiene. Sie hatten mich wohl schon Hunderte Male danach gefragt (mit schief gelegtem Kopf, zusammengekniffenen Augen und einer leicht gerümpften Nase). Ihre Vermutungen reichten von »sehr wichtiger Autor« (okay, das stimmt nicht, das habe ich mir ausgedacht) bis hin zu »eine Art US-Spion im Nahen Osten«. Sie wussten nur, dass ich keine »richtige« Arbeit habe. Manchmal laufe ich bis mittags im Schlafanzug herum, telefoniere oder schreibe auf der Veranda oder arbeite auf der Terrasse am Computer. Ständig verlasse ich entweder unsere Sackgasse in großer Eile oder kehre mit meinem kleinen Handgepäckkoffer nach Hause zurück. Meine Frau und ich haben meist das Haus voller Gäste, die kommen und gehen, und eine unserer Töchter lebt in Beirut. Nicht gerade die typische amerikanische Familie.

Egal. Nachdem John also etwas übers Laubharken gesagt hatte, erwiderte ich, dass das Wetter schön sei, und dann unterhielten wir uns über American Football (genauer gesagt, die *Denver Broncos*) und darüber, warum die *Rockies* im Baseball dieses Jahr (wieder) nichts auf die Reihe kriegen würden.

Im Grunde war es eine ziemlich normale Unterhaltung über den Gartenzaun hinweg. Sie hätte auch im Vorgarten stattfinden können, während wir den Rasen mähten, oder an dem Briefkasten, den sich die Leute in unserer Sackgasse teilten. Jeder von uns hat täglich solche ganz normalen »Hallo, wie geht's?«-Unterhaltungen.

Doch was ich nach meiner Unterhaltung mit John an jenem Tag tat, war ein wenig ungewöhnlich. Ich ging in den Keller und schickte meinem Assistenten Jesse eine E-Mail, in der ich ihn bat, sich jedes Gespräch anzuschauen, das Jesus in der Bibel mit irgendjemandem geführt hatte, egal worüber. Kurz oder lang, tiefgründig und tiefsinnig oder einfach und banal.

Das mache ich öfter. Wenn mir in irgendeiner Situation irgendetwas einfällt, bringe ich es in Verbindung mit Jesus und überlege, wie er in einer ähnlichen Situation gehandelt hat. Diese Übung hilft mir, wie er zu denken und zu handeln.

Der arme Jesse. Er musste jedes einzelne Gespräch lesen, das von Jesus in den Evangelien überliefert ist, es aufschreiben, auflisten, laut lesen, dabei die Zeit stoppen und mir seine Erkenntnisse zusenden. Ich tat das Gleiche.

Dabei stellten wir fest, dass die durchschnittliche Länge der Gespräche von Jesus, wie sie uns in den Evangelien überliefert sind, 42 Sekunden beträgt. Natürlich hatte er Gespräche, die länger oder kürzer waren als 42 Sekunden. Ich glaube auch nicht, dass uns die vollständigen Gespräche überliefert sind oder dass sie in Echtzeit aufgeschrieben wurden, um laut gelesen zu werden, wie Jesse und ich es taten. Doch etwas anderes als diese Aufzeichnungen steht uns nicht zur Verfügung. Diese Gespräche liefern uns einen großen Teil dessen, was wir über Jesus und seinen Umgang mit Menschen wissen.

Diese kurze, normale Alltagsbegegnung mit John sorgte in mir für ein enormes Interesse an den kurzen Gesprächen, die Jesus hatte. Denn weil Jesus Jesus ist, waren seine Gespräche normalerweise alles andere als normal. Und als mir das klar wurde – als ich begriff, dass Jesus es schaffte, alltägliche Unterhaltungen in etwas Tiefgründigeres zu verwandeln – wusste ich, dass ich herausfinden musste, wie er das tat. Vielleicht würde ich nichts Weltbewegendes herausfinden, doch ich hoffte, dass es mich einen Schritt näher zu Jesus bringen würde.

Und das hoffe ich auch für Sie.

Menschen sind auf Beziehung angelegt. Auf eine Beziehung zu Gott. Auf Beziehungen zueinander. Viele Gemeinden und andere organisierte Gruppen von Jesusnachfolgern setzen viel Zeit und Energie ein, um Christen darauf vorzubereiten, diese beiden Arten von Beziehung miteinander zu verbinden – um tiefe und wichtige Momente zu schaffen, in denen wir jemanden zu Jesus bringen oder die Dreieinigkeit erklären oder ein tief greifendes Gespräch über Gott, Spiritualität und das Leben führen können.

Doch wann hatten Sie zuletzt ein solches Gespräch? Obwohl viele von uns sich danach sehnen (und manche von uns sich davor fürchten), mit jemandem über geistliche Dinge zu reden, gibt es diese Gelegenheiten nicht sehr oft. Auf solche Gespräche vorbereitet zu sein, ist gut und wichtig, doch oft verpassen wir dabei den grundlegenden ersten Schritt. Ein Gespräch über geistliche Dinge ergibt sich nicht aus dem Blauen heraus, sondern aus den zahllosen Beziehungen, die wir täglich knüpfen. Sind wir bereit für diese Begegnungen? Oder schreiben wir sie als unbedeutend ab?

Halten Sie einen Moment inne und denken Sie an all die Menschen, mit denen Sie gestern Kontakt hatten. Mit »Kontakt« meine ich Menschen, mit denen Sie Worte gewechselt haben, in mündlicher oder schriftlicher Form. Der Nachbar, den Sie am Briefkasten getroffen haben. Der Mann hinter dem Tresen, der Ihnen den extraheißen Jumbo-Mokka-Cappuccino mit fettarmer

Milch und fettarmer Schlagsahne gemacht hat. Die Frau im Büro am Nachbarschreibtisch. Der Kundendienstmitarbeiter. An wie viele können Sie sich erinnern? Bei den meisten von uns sind am Ende eines Tages diese kurzen Kontakte nur noch undeutliche Erinnerungen.

Unser Leben ist voller solcher kurzen Begegnungen, doch wir scheinen sie als nicht übermäßig bedeutsam einzuordnen. Ich möchte uns herausfordern, sie in einem anderen Licht zu betrachten, denn Jesus tat das auch.

Jesus war ein Meister darin, kurzen Begegnungen mit Menschen eine Bedeutung zu verleihen. Aufgrund der Art, wie ich die Bibel verstehe, und aus meiner Lebenserfahrung heraus bin ich mir sicher, dass so zu handeln wie Jesus für jeden Menschen auf dieser Welt die beste Art zu leben ist. Ein Jünger oder Lebensschüler von Jesus zu sein, heißt, ihn nachzuahmen. Jünger schauen sich an, wie Jesus lebte und mit Menschen sprach, und sie versuchen jeden Tag, es ihm gleichzutun.

Meiner Meinung nach zu Unrecht unterscheidet unser heutiger christlicher Jargon zwischen *Jüngerschaft* und *Evangelisation*. Jesus hatte ständig Gespräche mit Menschen, die meinten, Gott nahe zu sein – und auch mit solchen, die sich für verloren und hoffnungslos hielten. Er lud sie alle ein, zu kommen und von ihm zu lernen. Obwohl ein großer Teil dieses Buches damit zu tun hat, weit von Jesus entfernten Menschen zu helfen und ihm in größerer Nähe nachzufolgen, ist dies wahrscheinlich das letzte Mal, dass ich das Wort *Evangelisation* verwenden werde.

Das ist eine gute Nachricht für uns alle. Es befreit uns dazu, über den wichtigsten Teil unseres Lebens natürlich, sinnvoll und hilfreich zu sprechen, statt aufgesetzt, ungeschickt und am

Leben vorbei. Jeder, der unzählige unangenehme Stunden damit verbracht hat, peinliche geistliche Gespräche zu forcieren, weiß genau, was ich meine. Ich bin sogar ans andere Ende der Welt gezogen, nur um mit »Heiden« frustrierende Gespräche über ihr sündiges Leben zu führen. An irgendeinem Punkt wurde mir klar, dass ich so nicht weiterkomme – und die »Heiden« ebenso wenig.

Ich glaube, ich habe einen besseren Weg gefunden, einen Weg, der die ganze Zeit direkt vor mir lag: die gewöhnlichen Augenblicke unseres Lebens so zu nutzen, wie Jesus ähnliche Augenblicke in seinem Leben genutzt hat. Dieses Buch wurde nicht mit dem Ziel geschrieben, dass Sie in 42 Sekunden Ihren Friseur zu einem Pastor machen. (Wahrscheinlich kann er sowieso besser Haare schneiden als predigen.) Vielmehr ist das Ziel einfach, dass Jesus ein natürlicher Teil unseres Lebens und unserer täglichen Begegnungen mit Menschen ist.

Wie kommen wir da hin? Das ist ziemlich einfach. Und außerordentlich schwierig.

Die vier Teile dieses Buchs haben einen steigenden Schwierigkeitsgrad und benötigen von Woche zu Woche mehr Einsatz. Es ist nicht schwer, zu lernen, echt und einfach mit Menschen in Kontakt zu kommen wie Jesus. Jedenfalls nicht am Anfang. Doch es ist ein Prozess. Wir müssen lernen, auf einfache Art und Weise die alltäglichen Momente zu nutzen, bevor wir zu den Konsequenzen übergehen können, die tief greifend und lebensspendend sind.

Darum beginnen wir mit Freundlichkeit. Wir müssen uns bewusst daran erinnern, dass es wichtig ist, freundlich zu sein.

Das geschieht in Teil 1. Schließlich war Jesus freundlich zu den Menschen (okay, außer zu den religiösen Menschen).

In Teil 2 wird beschrieben, was es heißt, präsent zu sein. In unserer superhektischen Welt fällt es uns immer schwerer, ganz und gar präsent zu sein. Deshalb werden einige praktische Möglichkeiten aufgezeigt, wie wir ehrlich und echt bei *dem* Menschen sein können, den wir vor uns haben.

Um solche Gespräche zu führen wie Jesus, brauchen wir Mut. Darum wird es in Teil 3 gehen. Sowohl in säkularer als auch in christlicher Literatur unserer Zeit sind Tapferkeit und Mut als Thema allgegenwärtig. Doch oft vergessen wir, dass Jesus mutig war, und das sollte uns ein stärkerer Antrieb sein als jedes inspirierende Zitat, das wir lesen. Die meisten von uns kostet es schon Mut, einfach über die Straße zu gehen und die Nachbarn zu einem Grillabend einzuladen. Denken Sie bei dem Wort »Mut« an Armee-Spezialeinheiten oder großartige Taten, die Sie in Filmen sehen? Vergessen Sie's – es reicht, wenn Sie Alex und Kerstin am Briefkasten grüßen.

Schließlich ermutige ich in Teil 4 dazu, »Jesus zu sein«. Sein Denken und sein Herz zu haben. In den ersten drei Teilen dieses Buchs geht es darum, so mit Menschen umzugehen, wie Jesus es tat. Es geht darum, zu lernen, in unseren alltäglichen Gesprächen zu sein wie er. Der vierte Teil führt uns etwas tiefer und ruft dazu auf, Jesus so zu *kennen*, dass es Veränderung hervorbringt. Er hat versprochen, bei uns und in uns zu sein. Wenn wir glauben, dass das wahr ist, können wir Menschen tatsächlich als »Gegenwart Jesu« begegnen, weil wir in sein Ebenbild hineingestaltet werden.

In jedem Teil gibt es für fünf Tage Texte mit einem zentralen Thema. Ich ermutige Sie, dieses Buch über einen Zeitraum von einem Monat durchzuarbeiten, einen Teil pro Woche. Idealerweise sollten Sie das Buch in Gemeinschaft lesen und anwenden. Es ist wertvoll, so etwas zusammen zu tun, und es hilft uns, wenn wir einander Rechenschaft darüber ablegen. Wir feuern einander an. Wir fordern einander heraus. Wir dürfen erleben, wie Jesus in unserem Leben und im Leben der Menschen, denen wir begegnen, etwas bewirkt. Um zu diesem Gemeinschaftserlebnis zu ermutigen, habe ich am Ende von jedem der vier Teile einige Fragen unter der Überschrift »Tiefer graben und diskutieren« angefügt. (Natürlich können Sie dieses Buch auch alleine durcharbeiten und trotzdem davon profitieren.)

Der größte Teil dieses Buchs betrachtet das Leben von Jesus – das, was er uns in seinen kurzen Gesprächen vorgelebt hat. Und ich erzählte dabei immer wieder von eigenen Erlebnissen, die ich bei dem Versuch hatte, anderen Menschen so zu begegnen, wie Jesus es tat. Es sind große »Wow!«-Geschichten und viele andere von Unsicherheit, Scheitern oder Versagen auf der ganzen Linie. Wenn wir ernsthaft so leben wollen wie Jesus, brauchen wir die Demut, zu verstehen, dass wir es nicht immer perfekt schaffen werden.

Die Reise, auf die wir uns in diesem Buch begeben, ist praxisnah und führt zu geistlicher Veränderung, wenn wir es zulassen. Und ich glaube, Sie werden unterwegs auch eine Menge Spaß haben.

Es ist an der Zeit, dass wir lernen, so zu reden wie Jesus. Sind Sie bereit?

TEIL 1

FREUNDLICH SEIN

Ein einziger Akt der Freundlichkeit schlägt Wurzeln
in alle Richtungen, und die Wurzeln treiben aus
und lassen neue Bäume wachsen.

Amelia Earhart

Jesus sprach: »Lasst die Kinder zu mir kommen. Hindert sie nicht daran! Denn das Reich Gottes gehört Menschen wie ihnen ...« Dann nahm er die Kinder in die Arme, legte ihnen die Hände auf den Kopf und segnete sie.

Markus 10,14.16

Die meisten von uns haben schon einmal irgendwo ein Bild, eine Buchillustration oder ein Flanellbild eines lächelnden, lachenden Jesus gesehen, der von lächelnden, lachenden Kindern umringt ist, von denen jedes versucht, einen Platz auf seinem Schoß zu ergattern. Vielleicht ist dieses Bild eine Erinnerung an glückliche Sonntagsschulstunden. Eventuell haben wir dieses Bild auch mental unter der Rubrik »allzu einfache Gedanken über Gott« abgeheftet. Aber ich meine, es ist an der Zeit, dieses Bild wieder hervorzuholen, es abzustauben und die eindrückliche und oft übersehene Wahrheit zu genießen, dass Jesus freundlich war. Einfach freundlich.

In letzter Zeit hat Freundlichkeit viel ungerechtfertigte Kritik bekommen. Nett zu sein klingt, als gäbe es gleich einen Hippie-Kumbaya-Moment oder eine alberne Gruppenumarmung, während man die alles andere als freundliche Welt um sich herum ignoriert. Denn in unserer Welt hat freundlich zu sein nicht viel Wert. Das meinen auch viele Christen. Eine ganze Menge Leute, die behaupten, Jesus nachzufolgen, sind enorm aufbrausend und ständig bereit, anderen bei der kleinsten Unstimmigkeit oder dem geringsten Fehlverhalten an die Gurgel zu gehen. Wir legen uns gute Gründe dafür zurecht. Wir rechtfertigen ein solches Verhalten. Ich kenne sogar Christen, die Sätze sagen wie: »Jesus war nicht nett – er war im Recht.«

Doch damit vergessen wir, dass Freundlichkeit eine Frucht des Heiligen Geistes ist. Sie ist Nummer 5 auf Paulus' Liste, gleich nach »Liebe, Freude, Frieden, Geduld«.[1] Sie ist eine der Haupteigenschaften, die wir an den Tag legen sollen, wenn wir den Geist von Jesus Christus in unserem Leben haben.

Darum müssen wir uns, wenn wir in unseren täglichen Begegnungen wie Jesus sein wollen, auf die Grundlagen besinnen. Das Einmaleins der Freundlichkeit. Eine Ermutigung, den Menschen um uns herum freundlich zu begegnen. Schlichtweg einfaches Menschsein. Dies sind die Dinge, die uns manchmal in der Hektik und Verrücktheit des Lebens abhandenkommen. Freundlichkeit ist die Grundlage für alles andere in diesem Buch. Es ist praktisch unmöglich, unsere Nachbarn und Kollegen mit Jesus bekannt zu machen, wenn wir nicht freundlich zu ihnen sind.

Freundlichkeit ist nicht schwer, doch wir müssen dazu den Kopf heben und die Menschen um uns herum wahrnehmen. Wir müssen bereit sein, unseren Egoismus zurückzustellen, um an andere Menschen zu denken. Freundlichkeit kann verändern. Sie kann Menschen, mit denen Sie sich unterhalten, auf eine Art und Weise berühren, die Sie vielleicht nicht einmal sehen können.

Und es könnte auch sein, dass Freundlichkeit *Sie* ebenso verändert.

1 Hallo sagen

Die Tiefkühltruhe:	Ignorieren Sie die Menschen um sich herum.
Der Eisbrecher:	Sagen Sie »Hallo«, »Hi«, »Guten Tag«, »Grüß dich«!

Jesus war nett zu Menschen.

Lesen Sie das ruhig gleich noch einmal. Das klingt fast lustig, oder? Jesus war den Menschen gegenüber vieles, aber »nett« ist nicht immer das Erste, was uns dabei einfällt. Wir denken an die Wunder, das Lehren, den Gang ans Kreuz, und »nett« steht irgendwie ziemlich weit unten auf der Liste dessen, was an Jesus spektakulär war. Doch er war tatsächlich nett zu Menschen. Ich meine, zu religiösen Menschen war er nicht besonders nett – wenigstens nicht zu denen, die ihre Religion benutzten, um andere fertigzumachen, statt die gute Nachricht weiterzusagen. Manchmal war er auch ein bisschen hart zu reichen Menschen und denen, die meinten, von Geburt an Macht zu besitzen. Aber im Großen und Ganzen war er im Umgang mit anderen meistens ein ziemlich netter Kerl.

Doch schauen wir uns etwas näher an, was Jesus zufolge »nett zu Menschen sein« bedeutet.

Jesus nahm das Grüßen von Menschen in seine fundamentale Dienstheologie auf. In Matthäus 10,12 und Lukas 10,5, wo er seinen Jüngern praktische Anweisungen gab, wie sie hinausgehen und die Gute Nachricht weitersagen sollten, trug er ihnen auf, sie sollten die Menschen grüßen, mit denen sie zu tun hatten. Wenn die andere Person den Gruß erwiderte, sollten die Jünger bleiben und sich dort aufhalten. Wenn nicht, sollten sie sagen: »Hey, was geht?« (so würde ich das jedenfalls übersetzen), und dann einfach weitergehen.

Meine Version davon ist: Wenn ich zu jemandem freundlich Hallo sage und der Betreffende ebenso freundlich Hallo sagt, sind wir schon auf dem besten Weg. Es ist wirklich so einfach. Pastor John Wimber sagte gern, dass 90 Prozent aller erfolgreichen christlichen Arbeit darin besteht, früh aus dem Bett aufzustehen. Das Grüßen ist nur eine andere Variante davon. Man kann das, was man vorhat, nicht effektiv tun, wenn man Menschen nicht freundlich grüßt. Damit beginnt es.

Jesus grüßte ein paar Fischer, und daraufhin gaben sie ihren Beruf – und irgendwann sogar ihr Leben – auf, um ihm zu folgen.[2]

Jesus grüßte die Samariterin am Brunnen und bat sie, ihm Wasser zu geben. Das führte zu einer der eindrücklichsten und am häufigsten zitierten Geschichten der ganzen Bibel.[3]

Jesus sagte Hallo zu den Kindern, die ihm über den Weg liefen, und daraufhin kamen sie in Scharen zu ihm.[4]

Jesus sagte Hallo zu den zwei Männern, die auf der Straße nach Emmaus unterwegs waren, und quasi im nächsten Moment saß er mit ihnen beim Abendessen.[5]

Alles beginnt mit einem Hallo.

Ich wohne in einer Sackgasse, also ist es theoretisch leicht, meine Nachbarn zu grüßen. Besonders wochentags gegen morgens um sieben oder abends um sechs und am Wochenende eigentlich jederzeit. Aber ich habe in meinem Auto eine Fernbedienung für das Garagentor, und wenn mir nicht nach Hallo-Sagen ist (weil ich weiß, dass das zu einem echten Gespräch führen könnte), drücke ich den kleinen schwarzen Knopf meiner persönlichen Entscheidung und Freiheit. Das Garagentor hebt sich wie das Tor zu meiner Burg, und schon muss ich meine Nachbarn nicht grüßen.

Ich gebe mir Mühe, dieser Versuchung zu widerstehen. Weil es jedoch irgendwie logisch ist, dass ich das Auto in die Garage fahre, gehe ich anschließend wieder hinaus und sage Hallo zu dem, der gerade draußen ist.

Das läuft folgendermaßen. Ich fahre das Auto in die Garage, gehe hinaus, schaue mich um, bis ich jemanden sehe, und rufe: »Hallo John!« (oder wie auch immer die betreffende Person heißt). Das war's im Großen und Ganzen. Meistens ruft der andere dann zurück: »Hallo Carl, wie läuft's?« Und vielleicht war es das. Oder derjenige fragt: »Wie geht es dir?« Und wenn man erst einmal beim »Wie geht es dir?« angekommen ist, sollte man gut aufpassen, denn gelegentlich erzählen Leute dann tatsächlich, wie es ihnen geht.

Nehmen Sie sich diese Woche Zeit, anderen Hallo zu sagen. Überall. Fast immer. Bemühen Sie sich aktiv darum. Schauen Sie der anderen Person in die Augen und sagen Sie Hallo. Fügen Sie immer wieder das gefährliche »Wie geht es dir?« hinzu. Versuchen Sie, die Frage tatsächlich ernst zu meinen – so wie Jesus.

Und schauen Sie einfach, was dann passiert.

2 Beachten Sie den Kellner

Die Tiefkühltruhe:	Ignorieren Sie die Menschen, die die Welt für unbedeutend hält.
Der Eisbrecher:	Schauen Sie diesen Menschen in die Augen. Seien Sie aufmerksam. Grüßen Sie sie.

Jesus beachtete Menschen. Besonders diejenigen, die anderen gleichgültig waren. Kinder. Arme. Frauen. Samariter. Aussätzige. Tote. So ziemlich jeden.

Von allem, was ich an Jesus liebe, ist dies eine meiner liebsten Eigenschaften. Jesus war nicht zu »cool« für irgendjemanden. Manchmal halte ich mich dafür, doch Jesus – obwohl er Gott in einem menschlichen Körper war – machte sich nicht wichtig.

Jesus war aufmerksam.

Er nahm den blinden Bettler wahr. Als die Jünger ihn drängten, weiterzugehen, blieb er stattdessen stehen.

Er nahm die Armen wahr. Die Hungrigen. Die Kinder. Die Jünger versuchten normalerweise, Jesus »bei der Sache« zu halten – auf die Mission konzentriert (ich tue das auch). Doch Jesus ließ sich anscheinend gern stören.

Matthäus, Markus und Lukas erzählen meine Lieblings-Stör-Geschichte in ganz wenigen Versen.[6] Ein wichtiger Mann kam auf Jesus zu. Matthäus nennt ihn »Vorsteher einer Synagoge«, Markus teilt uns zusätzlich noch seinen Namen mit: Jaïrus.[7] Jaïrus hatte eine Tochter, die im Sterben lag. Deshalb bat er Jesus, zu ihm nach Hause zu kommen und sie zu heilen.

Lassen Sie sich das einmal auf der Zunge zergehen. Der Mann, der zu Jesus kam, war eine sehr wichtige religiöse Führungspersönlichkeit. Manche spekulieren, dass er der Mäzen oder Finanzier dieser galiläischen Synagoge war. So etwas wie ein Geschäftsführer. Und wenn Jesus zu diesem Zeitpunkt seines Dienstes etwas brauchte, dann war es ein wenig Wohlwollen der örtlichen jüdischen Leiter. (Jesus hatte einiges getan, was die religiösen Anführer ziemlich aufgeregt hatte: Er hatte sich mit Sündern abgegeben, religiöse Speisegebote gebrochen und die Heuchelei der geistlichen Leiter hinterfragt.) Und nun stand vor ihm ein jüdischer Synagogenvorsteher, der ihm tatsächlich etwas zutraute. Jaïrus glaubte, dass Jesus seine Tochter heilen konnte und würde. Ziemlich bemerkenswert angesichts der Spannungen zwischen Jesus und dem religiösen Establishment.

Das war die Chance für Jesus. Wenn er für Jaïrus ein Wunder tat, konnte er sich wieder mit der religiösen Führungsriege gutstellen.

Jesus willigte ein, mit Jaïrus mitzugehen, doch unterwegs wurde er von einer Dame, die hier absolut nichts zu suchen hatte, gestört. Sie drängte sich durch die Menschenmenge und berührte ihn, während sie Blutungen hatte und damit rituell unrein war. Ganz schlecht.

Lassen Sie mich die Geschichte mit einem Geständnis unterbrechen. Manchmal, nachdem ich auf einer Veranstaltung einen Vortrag gehalten und dabei irgendwie etwas Gutes oder Hilfreiches gesagt habe, bildet sich um mich herum ein kleiner Menschenauflauf (nicht wie die Menschenmengen bei Jesus – eher eine »Menschenmenge« von vier Personen). Und häufig passiert es, dass jemand direkt an diesen vier Menschen vorbeigeht, als wären sie Luft, und anfängt, mit mir zu reden. So etwas ärgert mich. Sehr.

Oder wenn ich etwa nach einem Vortrag Bücher signiere und jemand sich ohne ersichtlichen Grund vordrängelt, als wäre er blind.

Ich mag keine unhöflichen Menschen. Und es ist noch schlimmer, wenn sie sich in irgendeinem kulturellen Sinn unangemessen verhalten. Manchmal sage ich ihnen, dass sie unhöflich sind, oder ich ignoriere sie einfach.

Aber ... Jesus nicht.

Er blieb stehen und ließ sich stören. Er fragte, wer ihn berührt hatte. Er nahm sich – vor den Augen aller anderen – Zeit, um mit der gesellschaftlich inakzeptablen Dame zu sprechen. Und am besten an dieser Geschichte gefällt mir, dass er sie sofort heilte.

Genauer gesagt war sie schon geheilt, noch bevor Jesus überhaupt mit ihr sprach – schon in dem Moment, als sie die Hand ausstreckte und den Saum seines Gewandes berührte. Die heilende Kraft ging sofort von ihm aus, und dennoch nahm er sich die Zeit für ein Gespräch.

Jesus erlaubte es sich, sich stören zu lassen, als er mit Jaïrus zu dessen sterbender Tochter unterwegs war. Und dann geschah Folgendes: »Noch während er mit ihr sprach, kam ein Bote aus dem Haus des Jaïrus mit der Nachricht: ›Deine Tochter ist gestorben.‹«[8] Es bestand also nicht mehr die Notwendigkeit, dass Jesus kam.

Stellen Sie sich das einmal vor! Ich möchte es an einem Beispiel aus unserer Kultur klarer machen. Angenommen, der Bürgermeister von Denver wäre persönlich mit der Bitte zu mir gekommen, mit ihm zu gehen und für seine Tochter zu beten. Die Presse wäre anwesend. Das wäre der größte Moment meines Lebens. Natürlich hätte ich in tiefer geistlicher Demut Ja gesagt.

Unterwegs aber hätte mich in der Innenstadt ein Bettler auf der Straße am Hosenbein gepackt und mich um Geld gebeten.

Wäre ich stehen geblieben? Hätte ich mit ihm geredet? Hätte ich ihm gegeben, worum er mich gebeten hat?

Ich glaube, diese Fragen beantworte ich lieber nicht!

Aber Jesus tat es. Er erlaubte einer unbekannten Frau mit einer fragwürdigen Berechtigung, ihn mitten in seinem bislang wichtigsten Auftritt zu unterbrechen.

Der Gegensatz könnte nicht deutlicher sein: ein prominenter männlicher religiöser Synagogenvorsteher auf der einen Seite und eine unbekannte, rituell unreine Frau auf der anderen. Wenn wir Jesus kennen, sollte es uns nicht in Erstaunen versetzen, dass er für sie stehen blieb. Doch damals war es mit Sicherheit für alle eine Überraschung.

Ich kann mir vorstellen, wie entrüstet die Jünger reagierten, als sie hörten, dass die Tochter des wichtigen Mannes gestorben war. »Wenn Jesus doch nur nicht stehen geblieben wäre«, sagten sie sicherlich. Doch als Jesus die Nachricht hörte, drehte er sich zu Jaïrus um und sagte: »Hab keine Angst.«[9] Ich bin mir sicher, dass Jaïrus – wie wir alle so oft – trotzdem Angst hatte.

Wir kennen das Ende der Geschichte. Sowohl die Frau mit den Blutungen als auch die Tochter des wichtigen Mannes wurden geheilt. Die normale Ordnung der Dinge wurde auf den Kopf gestellt. Jesus entschied sich dazu, der gesellschaftlich Ausgestoßenen ebenso viel Aufmerksamkeit zu widmen wie dem religiösen Mann: Er blieb stehen, um mit der weniger bekannten Person zu sprechen, statt der bekannten Person den Vorzug zu geben.

Jesus tat das fast immer.

Und wir sollten es auch tun.

Meine Frau Chris und ich lebten zwölf Jahre in Beirut im Libanon, und das gab uns reichlich Gelegenheit, bedürftige Menschen bewusst wahrzunehmen. Wir gingen täglich auf der Straße an Bettlern vorbei. Manchmal waren sie freundlich, manchmal unerträglich. Doch wir trafen eine Entscheidung: Wir wollten jeden einzelnen anschauen und ihm zulächeln. Weiter nichts. Ich fühle mich lächerlich dabei, den Satz überhaupt aufzuschreiben. Denn wir gaben nicht allen Geld; wir beteten nicht für alle um Heilung (obwohl wir beides manchmal taten). Aber ich versuche immer noch, einem Bettler in die Augen zu schauen.

Ja, das führt manchmal zu noch mehr Bettelei. Ich höre ständig, dass es sie nur ermutigt, weiterhin zu betteln, wenn man sie anschaut oder sich sonst irgendwie mit ihnen abgibt. Wahrscheinlich stimmt das. Aber was soll's. Es trotzdem zu tun, ist gut für mich. Zumindest erinnert es mich daran, dass sie ebenso Menschen sind wie ich. Und vielleicht erinnert es sie auch daran. Es fällt beiden Seiten ziemlich leicht, die jeweils andere zu entmenschlichen. Denken Sie, dass Bettler uns als Menschen sehen oder als Einnahmequelle? Vielleicht ignorieren sie ja unser Menschsein ebenso, wie wir versuchen, ihres zu ignorieren. Ein einfacher Blickkontakt, ein Lächeln und ein Hallo bewirken möglicherweise mehr, als wir meinen.

In unserer Straße in der Innenstadt von West-Beirut gab es einen Mann, der im Rollstuhl saß. Sein Name war Zacharias. Er war von der Taille abwärts gelähmt und hatte am ganzen Körper Brandnarben. Wir wurden Freunde. Echte Freunde. Er saß auf der Straße und bettelte – streckte die Hand aus und sah dabei sehr traurig und bedauernswert aus –, doch wenn er uns sah, hörte er auf zu betteln und ein breites Lächeln legte sich auf sein Gesicht. Er rief unsere Namen und wir blieben stehen und schwatzten mit ihm. Zacharias war ein wunderbarer Mensch. Manchmal versuchten wir, ihm Geld zu geben, aber er lehnte ab. Er sagte uns, dass er von seinen Freunden kein Geld haben wollte.

Eines Tages schlachtete unsere Tochter Marie, ohne dass wir etwas davon wussten, ihr Sparschwein und brachte einen Beutel Münzen mit. Ich schätze, es waren etwa 20 Dollar in libanesischen Münzen. Sie wollte das Geld Zacharias schenken. Und das tat sie denn auch. Er weinte. Wir weinten. Er konnte zu diesem kostbaren Geschenk nicht Nein sagen, obwohl er es nicht annehmen wollte. Das ist Hoffnung. Eine kleine Dosis Evangelium. Ein »Scherflein der Witwe«. Ein Alabasterkrug Parfümöl. Ein wohlriechendes Opfer von Zeit und Geld und – was vielleicht noch wichtiger ist – von Würde. Was ist mehr wert? Dass wir seine Freundschaft und sein Menschsein anerkannten, so sehr, dass unsere eigene Tochter ihm all ihr Geld schenkte – oder dass er bettelte und jemand ihm vielleicht einmal tausend Dollar schenkte?

Versuchen Sie diese Woche, diejenigen wahrzunehmen, auf die Sie normalerweise nicht besonders achten. Nehmen Sie Blickkontakt zu Bettlern auf, auch wenn Sie ihnen nicht immer Geld geben. Schenken Sie denen Anerkennung, die Sie bedienen. Dem Servicepersonal im Restaurant. Auch dann, wenn Sie gerade ein weltbewegendes Gespräch mit einem Freund führen. Halten Sie inne, wenn der Kellner kommt und fragt, ob Sie noch etwas brauchen. Schauen Sie ihm einfach in die Augen und bedanken Sie sich. Und dann schauen Sie, was passiert.

3 Fragen Sie nach

Die Tiefkühltruhe:	Geben Sie schnelle Antworten.
Der Eisbrecher:	Fragen Sie nach.

Jesus beantwortete nicht besonders viele Fragen. Das ist beinahe lustig. Entweder antwortete er mit einer besseren Frage – sogar mit Fragen, die scheinbar nichts mit der ursprünglichen Frage zu tun hatten – oder mit einer Geschichte, die nicht immer besonders verständlich war (wir nennen diese Geschichten »Gleichnisse«). Denken Sie einmal darüber nach. Jesus tat fast nie, was wir fast immer tun: eine direkte Antwort geben.

Von klein an wurde mir beigebracht, auf direkte oder indirekte Fragen zu antworten. Wenn man mich ansprach, sollte ich eine Antwort geben. Mir wurde beigebracht, dass klug sein bedeutet, Antworten zu wissen. Und dass jemand anderes nur dann wissen kann, dass ich klug bin, wenn ich »die Antwort« gebe.

Aber Jesus tat das nicht. Viele Wissenschaftler sind der Auffassung, dass er die sokratische Methode perfektionierte, die Fragen einsetzt, um zu einer bestimmten Erkenntnis zu gelangen. Doch in Wirklichkeit tat er etwas ganz anderes.

Jesus setzte Fragen ein, um die Menschen, die er vor sich hatte, wirklich kennenzulernen und ihnen zu helfen, sich selbst kennenzulernen. Die Menschen lagen ihm so sehr am Herzen, dass er der Versuchung widerstand, alles zu wissen und klug auszusehen. So konnte er sie aus der Reserve locken.

Denken Sie nur an einige von Jesus' großen Fragen:
»Willst du gesund werden?«[10]
»Was soll ich für dich tun?«[11]
»Hast du mich lieb?«[12]
»Wer ist meine Mutter? Und wer sind meine Brüder?«[13]
»Wo sind sie? Hat dich keiner von ihnen verurteilt?«[14]
»Was meint ihr, wer ich bin?«[15]

Die letzte Frage mag ich besonders. Statt den Jüngern deutlich zu erklären, wer er ist (wie ich es versucht hätte), fragte Jesus sie, wer er ihrer Meinung nach sei. Und das, nachdem sie schon mindestens zwei ganze Jahre mit ihm unterwegs gewesen waren!

Wenn ich mir diese Situation hätte ausdenken müssen, hätte sie etwa so ausgesehen: Jesus hätte schon viel früher in seiner irdischen Laufbahn die zwölf Jünger um sich geschart und in etwa die folgenden Worte gesagt:

> Also, Jungs: Ich weiß, dass ihr euch fragt, wer ich wirklich bin. Ihr habt hinter meinem Rücken über mich geredet. Die Sache ist die: Ich bin Gott. In Fleisch und Blut. Später wird man das die »Menschwerdung« nennen. Vollkommen Gott. Vollkommen Mensch. Ich sag's ja nur ungern, aber manche, die behaupten, mir nachzufolgen, werden sich deswegen sogar gegenseitig umbringen. Aber ich schweife ab. Ich weiß, mein Vater heißt Josef und meine Mutter Maria, aber in Wirklichkeit ... tja, in Wirklichkeit bin ich Gott. Ich weiß, das ist ein Schock für euch, aber in einem oder zwei Jahren werde ich mich von den Römern umbringen lassen. Ich weiß noch nicht den genauen Zeitpunkt, weil nur mein Vater diesen Teil der

Geschichte kennt. Ja, ich bin sein Sohn, aber er weiß trotzdem einiges, was ich nicht weiß.

Jedenfalls ... hey, Petrus, hörst du zu? Du siehst aus, als würdest du mit offenen Augen träumen!

Dann, nachdem ich gestorben bin, werde ich wiederauferstehen. Ich werde einen neuen Körper haben und er wird anders sein. Dann werde ich wieder dahin gehen, wo ich hergekommen bin, und bei meinem Vater leben. Und ich werde immer noch bei euch sein, aber auf eine andere Art und Weise. Das werde ich später näher erklären. So weit alles klar?

All dies sagte er nicht. Jesus gab den Jüngern nicht gleich alle Antworten. Er gab ihnen lediglich viele Hinweise. Ich vergleiche das gern mit einem Puzzlespiel oder einer Schatzsuche.

Wissen Sie, wie man das nennt? Beziehung. Freundschaft. Leben. So funktioniert auch alles andere. Es gibt nichts im Leben, bei dem wir alles auf einmal wissen. Gespräche führen zu Beziehung – ein Vortrag eher nicht.

Zu dem Zeitpunkt, als ich dieses Buch schreibe, bin ich mit meiner wunderbaren, geliebten, witzigen Frau Chris coole dreißig Jahre verheiratet, und ich finde noch ständig Dinge über sie heraus, die ich nicht wusste. Stellen Sie sich vor, wie seltsam es gewesen wäre, wenn Chris und ich einen göttlichen »Download« bekommen hätten, als wir uns kennenlernten, sodass wir sofort alles übereinander gewusst hätten. Das wäre doch bizarr, oder? Aber irgendwie meinen wir, dass zu Jesus zu kommen so sein sollte. Ich weiß nicht, wie es Ihnen geht, aber dass alles neu wird,[16] nimmt in meinem Leben ziemlich viel Zeit in Anspruch. Und der

Prozess, von Neuem geboren zu werden,[17] ist nicht von jetzt auf gleich vollendet.

Damit will ich sagen: Jesus fühlte sich nicht verpflichtet, allen alles zu beantworten oder alles zu erklären. Oder überhaupt irgendjemandem irgendetwas zu beantworten oder zu erklären. Interessant, wie sicher er war.

Über diesen Punkt spreche ich viel, wenn ich in Gemeinden und vor anderen Zuhörern meine kleinen Vorträge und Predigten halte. Darüber, dass Jesus nie auf Fragen antwortete, sondern bessere Fragen stellte oder eine lustige Geschichte erzählte. Das tue ich auch manchmal. Doch oft beantworte ich einfach die Frage. Das ist leichter. Es ist viel weniger Arbeit, eine Antwort zu geben, als sich eine bessere Frage auszudenken. Oder einen Moment zu warten und zu versuchen, herauszufinden, was tatsächlich hinter der Frage steckt.

Wenn mich jemand fragt, warum es Leid auf der Welt gibt, antworte ich: »Weil es eine zerbrochene, gefallene Welt ist. Wegen der Sünde. Der Ursünde.«

Aber war das wirklich die Frage, die der Betreffende hatte? Vielleicht fragt er in Wirklichkeit, warum er so viel leiden musste. Oder ob Gott das Böse, das in der Welt passiert, überhaupt interessiert.

Es gibt vielleicht hundert tiefgründige Fragen voller Geheimnisse, die zu »beantworten« ich ausgebildet wurde. Wir nennen diesen Ansatz »Apologetik«. Er ist rational, logisch und westlich geprägt in seiner analytischen Herangehensweise an die großen Fragen des Lebens. Das ist kein schlechter Ansatz. Es ist nur nicht Jesus' Art. Freundlich wie Jesus zu sein bedeutet, dass wir uns genug für den anderen interessieren, um herauszufinden, warum ihm oder ihr eine bestimmte Frage wichtig ist. Was normalerweise bedeutet, eine weitere Frage zu stellen, und noch eine, und noch eine, und zuzuhören. Doch – und das ist wichtig – wir hören nicht einfach nur zu, um dann eine richtige Antwort geben zu können. Wir hören zu, um zu zeigen, dass unser Interesse tiefer geht als die Frage selbst.

Das Fragenstellen scheint mir eine fast vergessene Kunst zu sein. Ich glaube, wir nennen es »gutes Gespräch«. Es könnte so einfach gehen wie der folgende Dialog:

Ich: Hallo, ich bin Carl. Und wie heißen Sie?

Mein neuer Kollege: Bob. Freut mich, Carl.

Ich: Sind Sie neu zugezogen?

Bob: Ja, aus Miami.

Ich: Sehr cool. Schöne Stadt. Also, eigentlich war ich noch nie dort, aber ich habe ein paar Mal *Miami Vice* geschaut.

Bob: Haha. *(Eigentlich findet er es gar nicht so lustig.)*

Ich: Haben Sie Familie?

Bob: Ja, eine Frau und zwei Kinder.

Ich: Wie schön! Meine Frau und ich haben drei Kinder. Wie ging es Ihnen vier denn mit dem Umzug nach Denver?

Bob: Meine Frau und der jüngere Sohn fanden es in Ordnung. Aber der ältere ... tja, der eher nicht.

Ich: O Mann, das verstehe ich total. War es schwer für ihn, seine Freunde nicht mitnehmen zu können? ...

Sicher verstehen sie, was ich meine. Fragen Sie weiter. Beginnen Sie Ihre Fragen mit *Wer, Was, Wann, Warum* oder *Wie*. Gehen Sie einen Schritt tiefer und fragen Sie: »Wie war das für Sie?« Stellen Sie Fragen zu den Gefühlen der anderen Person: »Wie haben

Sie sich dabei gefühlt?« Wenn ich Sie frage: »Hatten Sie Angst?«, werden Sie auf das stärkste Wort in dem Satz eingehen: »Ja, ich hatte große Angst.« Fragen geben Menschen die Gelegenheit, ihre Erfahrung zu beschreiben.

Sie sollten aber auch wissen, wann es genug ist. Seien Sie nicht neugierig. Verhören Sie den anderen nicht.

Ich habe einen Freund, der dazu neigt, zu schnell zu tief einzutauchen. Binnen zwei Minuten fragt er seinen Gesprächspartner nach dem Zustand seiner Ehe. Obwohl das manche als einladend empfinden, fühlen sich viele davon eher abgestoßen. Lassen Sie das Gespräch sich natürlich entwickeln. Halten Sie inne. Holen Sie Luft. Lassen Sie mehr Geben und Nehmen zu. Lassen Sie sich ebenso viele Fragen stellen, wie Sie dem anderen stellen. Aber versuchen Sie immer, eine Frage tiefer zu gehen.

Wenn Sie nach dem Beruf fragen und Ihr Gegenüber antwortet: »Ich bin Ingenieurin«, dann wäre es vielleicht verführerisch zu sagen: »Wie cool!«, und es dabei zu belassen. Doch das ist langweilig. Was für eine Ingenieurin? An welcher Art von Projekten arbeitet sie am liebsten? Warum? Es kostet etwas Energie und Nachdenken, aber es lohnt sich – wenn Ihnen die Menschen am Herzen liegen. Und sie liegen Ihnen doch am Herzen ... oder?

Versuchen Sie, diese Woche keine Antworten zu geben, so seltsam das auch klingen mag. Okay, wenn jemand Sie nach dem Weg zum Supermarkt fragt, dann erklären Sie ihn ruhig. Aber wenn Menschen Ihnen Lebensfragen, große Fragen, geistliche Fragen stellen, dann versuchen Sie einfach, nicht zu antworten. Jedenfalls nicht direkt. Sie könnten »antworten«, indem Sie fragen: »Was denken Sie denn darüber?« Oder Sie bitten Ihr Gegenüber, die Frage näher zu erklären: »Das ist eine gute Frage. Erzählen Sie mir etwas mehr. Ich möchte sichergehen, dass ich Sie richtig verstehe.« Oder: »Ich weiß nicht genau, ob ich die Frage richtig verstehe, und möchte nichts sagen, ohne es durchdacht zu haben. Könnten Sie mir mehr erzählen?« Das sind einfache, aber effektive Mittel für ein tieferes und bedeutungsvolleres Gespräch. Ein Gespräch, das in eine hilfreiche, produktive Richtung führt.

Übrigens glaube ich nicht, dass diese Gespräche »irgendwohin führen« müssen – als würden wir versuchen, den anderen dazu zu bringen, an etwas zu glauben oder sich irgendwie zu verändern. Ich meine einfach, dass unser Austausch zu einem besseren Verständnis füreinander und zu einer Beziehung mit mehr Substanz führt. Vielleicht könnte man sogar sagen, dass diese Art von Gespräch uns hilft, mehr Mensch zu sein. Dass sie hilft, andere wirklich kennenzulernen und zuzulassen, dass andere uns kennenlernen. Schließlich sehnen wir alle uns danach, jemandem so wichtig zu sein, dass er uns gute, tief gehende Fragen stellt, die das Beste aus uns herausholen.

Seien wir solche Menschen! Versuchen wir es!

4 Tun Sie etwas Kleines

Die Tiefkühltruhe:	Schauen Sie zu, wie Ihr betagter Nachbar Schnee schippt.
Der Eisbrecher:	Fegen Sie für Ihre Nachbarn das Laub zusammen oder erledigen Sie die Kehrwoche, obwohl Sie gar nicht dran sind – einfach so.

Jesus diente Menschen. Diesem einfachen Punkt lässt sich kaum widersprechen. Er kam, um zu dienen, nicht, um sich bedienen zu lassen. *Leidender Knecht Gottes* war sogar ein Titel, der ihm in der hebräischen Heiligen Schrift gegeben wurde.[18]

Jesus diente Menschen einfach, aber wirksam: Er heilte einen blinden Mann, indem er seinen Glauben anerkannte. Er heilte einen Leprakranken mit einer bloßen Berührung. Er trieb einen Dämon mit einem einzigen Wort aus. Darum ist es etwas schwierig, sein Leben einfach auf unseres zu übertragen.

Doch die Reihe von kurzen Gleichnissen in Matthäus 13 finde ich sehr tröstlich. In jedem Gleichnis geht es um etwas Verborgenes: ein Senfkorn im Boden, Sauerteig in einem Teigklumpen, einen vergrabenen Schatz, eine wunderschöne Perle. Und jedes dieser Gleichnisse lehrt uns, dass Gottes Reich klein beginnt.

Jedes dieser Dinge ist für sich selbst genommen unbedeutend.

Ein Senfkorn ist sehr klein. Damit ein Baum daraus wird, muss man es vergraben.

Sauerteig allein bewirkt nichts. Er hat erst eine sichtbare Wirkung, wenn er in einen Teig gemischt wird.

Ein vergrabener Schatz ist nutzlos.

Eine Perle ist winzig klein, eine besondere ist nicht leicht zu finden.

Kleine Dinge, die unbedeutend erscheinen, waren schon immer der Schlüssel zu Jesus' Königreich.

Jesus stellt alles auf den Kopf und kehrt es von innen nach außen. Manche Menschen, die heute nicht bekannt sind, werden später bekannt sein. Viele, die hinter den Kulissen arbeiten, werden die größte Belohnung erhalten. Der Tod bringt Leben. Man muss das Leben verlieren, um es zu finden. Diejenigen, die die Welt für »Anführer« hält, sind es womöglich in Wirklichkeit gar nicht, und andere, die einfache Diener sind, werden vielleicht dafür geehrt, dass sie Bedeutendes bewirkt haben.

Letzteres fällt mir schwer. Ich glaube es, ich schreibe es, aber es fällt mir schwer, es zu praktizieren. »Anführer« finde ich in der Regel sehr beeindruckend. Ich mag den Duft des Erfolgs. Ich möchte mich in seiner Nähe aufhalten und ich möchte ihn selbst haben. Ich liebe eine Gemeinde, eine Organisation oder eine Firma, die in den Augen der Welt »cool« ist.

Geschäfte möchte ich mit Gewinnern machen – nicht mit den Verlierern. Ich möchte mit starken, mächtigen Führungspersönlichkeiten zusammen sein, die Dinge tun, die ich für bedeutend halte. Und ich möchte wie sie sein.

Doch Jesus verbrachte viel Zeit mit Menschen, die wir vielleicht als »kleine Fische« bezeichnen würden. Er lief ständig vor dem Lob der Menschen weg. Manchmal zog er große Menschenmengen an, doch nie mit Absicht. Genau genommen floh er oft an stille Plätze fernab der Menge. Offenbar ging er mit Menschen, die wir als einflussreich betrachten würden – den Reichen, der religiösen Elite seiner Zeit –, ziemlich hart um und allzu freundlich und bewundernd mit den »kleinen« Menschen der Welt – mit der Witwe, die nur zwei »Scherflein« gab, mit der kanaanäischen Mutter, deren Tochter von einem bösen Geist besessen war, mit dem blinden Bettler.[19]

Meine Frau Chris kann vieles davon sehr viel besser als ich. Sie beabsichtigt und plant nie schon das Nächste; sie ist einfach da und liebevoll gegenüber der Person, die vor ihr steht. Sie lebt im Augenblick und ist freundlich zu jedem, der ihr begegnet. Sie ist mein Vorbild für diese Art und Weise, wie Jesus zu leben.

Vor vielen Jahren beschloss Chris, in Beirut einen Kindertreff zu organisieren. Es sollte ein einwöchiges Sommerferienprogramm sein, vier Stunden pro Tag. Sie begann mit unseren drei Kindern und ihren Freunden.

Zur Unterstützung suchte Chris sich ein Team zusammen. Ihr machte es nichts aus, dass es nur so wenige Kinder waren, aber ich war frustriert und wollte es erst gar nicht machen. (Ich setzte »wenige« mit »unbedeutend« gleich, muss ich zu meiner Schande gestehen.)

Bei dieser Aufgabe halfen uns ein junger Mann und seine Freundin, die beide an der libanesischen Universität studierten. Die zwei hatten eine Idee: Wie wäre es, wenn wir auf die Straße gingen und die Straßenkinder einluden? Das waren die ganz Ausgestoßenen der Gesellschaft und niemand mochte sie. Der Student war der Sohn einer einflussreichen und wohlhabenden Führungspersönlichkeit des Landes, und ich konnte kaum glauben, dass er überhaupt auf so eine Idee kam.

Wir waren uns nicht ganz sicher, ob die »Ausgestoßenen« kommen würden. Wir fragten uns auch, ob die Eigentümer des Gebäudes sie daran hindern würden, hereinzukommen. Wir waren nicht überzeugt, dass unsere drei Kinder und ihre vier Freunde gern ihre Zeit mit diesen schmutzigen, undisziplinierten Straßenkindern teilen würden. Und wir wussten nicht, ob wir mit ihnen zurande kommen würden, wenn sie tatsächlich kamen.

Das waren viele »Wenns«. Doch wir sagten: »Okay. Versuchen wir es.«

Also gingen die zwei jungen Leute und suchten nach Straßenkindern, die mitmachen würden. Nach etwa zwei Stunden kamen sie zurück und sagten: »Ja, sie wollen kommen. Sie werden morgen früh um neun hier sein.«

Und tatsächlich: Gegen halb neun am nächsten Tag war eine ganze Gruppe von Kindern da, die wir nicht kannten. Einige kannten wir vom Sehen, aber die meisten, etwa zehn von ihnen, waren einfach schmutzige, stinkende Straßenkinder. Und sie kamen in jener Woche jeden Tag – und fanden es herrlich. Unsere Kinder und deren Freunde bezogen sie ein, als würden sie zu uns gehören. Wir waren so stolz.

Ab da begannen wir eine wöchentliche Kinderarbeit für diese Straßenkinder. Sie kamen mindestens einmal pro Woche – zur Nachhilfe, um Geschichten aus der Bibel zu hören, Spaß zu haben und zu spielen. Die jungen Leute, die uns halfen, standen ihnen in fast jeder Hinsicht als Leiter zur Seite. Manche dieser Kinder fanden sogar ewiges Leben, als sie Jesus begegneten.

Anna, unsere 25-jährige Tochter, lebt und arbeitet heute in Beirut und dient den Menschen dort. Letzten Monat war sie in der Nähe des Gebäudes, in dem wir den Kindertreff veranstaltet hatten, als eine Frau auf sie zukam und fragte: »Bist du Anna, die Tochter von Chris und Carl?«

Anna bejahte, und die Frau stellte sich als Mariam vor. Sie war die Studentin, die sich zusammen mit ihrem Freund dazu entschieden hatte, hinauszugehen und die Straßenkinder einzuladen. Heute ist sie verheiratet, hat fünf Kinder und lebt immer noch in Beirut.

Sie wollte Anna ermutigen, weil sie gehört hatte, dass Anna mit syrischen Flüchtlingskindern arbeitete. Viele der Straßenkinder, mit denen wir gearbeitet hatten, waren auch aus Syrien gewesen. Daher erzählte Mariam Anna folgende Geschichte. In der Woche zuvor hatte ein junger Mann Mitte zwanzig Mariam auf der Straße angesprochen: »Miss Mariam, erinnern Sie sich noch an mich?« Sie konnte sich nicht erinnern, bat ihn aber, weiterzusprechen.

Der junge Mann erzählte: »Vor zwanzig Jahren, als ich fünf Jahre alt war, war ich ein Straßenjunge und kam in Ihren Kindertreff. Jede Woche brachten Sie mir etwas über das Leben und über Jesus bei. Ich bin heute selbst Christ und folge Jesus nach und ich bin Student einer kanadischen Universität. Ich wollte Sie nur wissen lassen, dass Sie mein Leben verändert haben.«

Mariam sagte zu unserer Tochter Anna: »Was du heute mit diesen syrischen Flüchtlingskindern machst, wird ihr Leben verändern. Gib nicht auf.«

Das Königreich von Jesus beginnt mit kleinen Dingen!

Können wir diese Woche ein paar kleine Dinge tun?

Seien Sie freundlich zu einem Fremden.

Geben Sie dem Obdachlosen mit dem Schild auf der Straße fünf Euro und sagen Sie ihm, dass Sie für ihn beten werden – und beten Sie tatsächlich für ihn.

Mähen Sie Ihrem Nachbarn den Rasen, einfach so.

Bezahlen Sie den Einkauf der Person, die hinter Ihnen an der Kasse steht, oder bei Starbucks den Kaffee der Person neben Ihnen. Spendieren Sie den Leuten am Nebentisch das Mittagessen.

Sagen Sie diesen Personen, dass Gott sie liebt.

Das sind nicht nur einfach verrückte »spontane Freundlichkeiten« ohne Grund. Sie tun diese Dinge, weil Gott kleine Dinge wertschätzt. Wer weiß, wozu es führen könnte?

5 Sprechen Sie mit dem Kind

Die Tiefkühltruhe:	Ignorieren Sie die Kinder Ihrer Freunde.
Der Eisbrecher:	Setzen Sie sich auf den Boden und spielen Sie mit den Kindern.

Wie ich schon erwähnt habe, hatte Jesus Kinder gern. Er wollte sie in seiner Nähe haben. Matthäus, Markus und Lukas erzählen die Begebenheit, als die Menschen aus der Volksmenge ihre Kinder zu Jesus brachten, damit er ihnen die Hände auflegte und sie segnete. Und alle drei merken an, dass die Jünger die Eltern deswegen »anfuhren«.[20]

Es wäre lustig, wenn es nicht so traurig wäre. Stellen Sie sich die Szene vor. Die superfrommen engsten Nachfolger von Jesus dachten, er hätte Wichtigeres zu tun. *Er muss predigen. Er kann nicht mit einem Haufen schmuddeliger Kinder auf der Wiese am Hang herumtoben.*

O weh. Peinlich. Ich würde so etwas niemals denken. Mal abgesehen davon, dass ich bereit war, den Kindertreff in Beirut abzublasen, bevor er überhaupt angefangen hatte. Aber sonst bestimmt nicht ...

In Lukas 18,17 sagt Jesus, wenn wir nicht werden wie ein kleines Kind, können wir nicht in sein Königreich kommen. Das war seine Antwort an die Jünger. An anderer Stelle sagte er: »Wer ein solches Kind in meinem Namen aufnimmt, der nimmt mich auf.«[21] Die Anspielung war nicht einmal verschleiert: Wer ein Kind nicht annimmt, nimmt Jesus nicht an.

Ich weiß nicht, wie es Ihnen geht, aber da möchte ich doch gleich losziehen und mir ein paar Kinder suchen, mit denen ich Zeit verbringen kann.

Doch oft ertappe ich mich bei dem Gedanken, dass ich ziemlich wichtig bin. Hier ist eine Liste von Menschen, von denen ich über die Jahre dachte, dass Gott sie in meinen Fokus rücken wollte:

- Muslime
- Führungskräfte
- Araber
- Palästinenser
- Menschen, die kulturellen Einfluss ausüben
- Pastoren.

Ich weiß nicht, ob es Ihnen aufgefallen ist, aber Kinder stehen nicht auf dieser Liste. Menschenskind, ist es peinlich, das aufzuschreiben!

Okay, wahrscheinlich denken Sie jetzt, dass ein nützlicher Fokus doch wohl seinen Platz haben muss. Grenzen. Strategische Mission. Und ich würde sagen: »Vielleicht.« Ich bezweifle, dass all das so wertvoll ist, wie wir in unserer westlichen, zielorientierten Kultur gern meinen, aber sicher, eine gewisse Berechtigung hat es bestimmt. Doch nichts davon darf dazu führen, dass Kinder ausgeschlossen werden.

Wenn Sie denken: *Ich frage mich, wie ich meinen Pastor oder eine wichtige Persönlichkeit im Staat ermutigen könnte,* sollten Sie vielleicht damit anfangen, deren Kinder zu segnen. Für meinen Teil kann ich auf jeden Fall sagen: Wenn Sie mein Herz gewinnen wollen, schenken Sie meinen Kindern Aufmerksamkeit.

Kinder haben allerdings eine eingebaute Antenne für Unaufrichtigkeit. Sie merken, ob Sie sich wirklich für Sie interessieren oder nicht. Als unsere Kinder klein waren, hatten wir Unmengen Besucher aus aller Welt. Unsere Kinder wussten immer ziemlich schnell, mit wem sie Zeit verbringen wollten, wen wir wieder einladen sollten und wen sie nicht im Haus haben wollten.

Viele Freunde kamen zu uns nach Hause und begrüßten unsere Kinder in einem dümmlichen, herablassenden Tonfall ungefähr so: »Oh hallo, wen haben wir denn hier?«, oft mit einem Kopftätscheln.

Und dann gab es diejenigen, die mich und Chris beinahe ignorierten und sich erst mal zu unseren Kindern auf den Boden setzten. Was meinen Sie: Hat uns das jemals geärgert? Keineswegs! Wir fanden es herrlich. Unsere Kinder fanden es herrlich. Wir wollten, dass unsere Freunde unsere Kinder kennen. Und wir wollten immer, dass unsere Kinder unsere Freunde kennen.

Alle unsere besten Freunde lieben unsere Kinder und unsere Kinder lieben sie.

Eine eindrückliche Erinnerung an diesen besonderen Blick für Kinder bekamen wir vor wenigen Wochen in Rom, als Chris und ich und einige Freunde aus dem Nahen Osten Gelegenheit hatten, den Papst zu treffen und ungefähr drei Minuten mit ihm zu verbringen. Ich war an jenem Tag ganz sicher die unwichtigste Person auf seiner Audienzliste. Anwesend waren Kardinäle aus aller Welt, einige Staatsoberhäupter und wer weiß wer noch. Der Papst war also an jenem Morgen wohl kaum aufgewacht und hatte gedacht: *Mensch, heute lerne ich Carl kennen! Ich habe gehört, dass er ein ziemlich hohes Tier ist*. Von wegen.

Doch bevor er kam, um den anderen die Hand zu schütteln, die vielleicht wirklich »hohe Tiere« waren, nahm er sich *viel* Zeit – ehrlich gesagt, ärgerlich viel Zeit – um die Kinder in der Menge zu begrüßen. Irgendwelche Kinder. Er sprach mit ihnen. Er stieg aus seinem ziemlich coolen Papamobil und ging zwischen ihnen umher. Nahm sie in den Arm. Ihren Eltern widmete er nicht besonders viel Zeit, aber den Kindern – Mann! – den Kindern schenkte er so viel Aufmerksamkeit! Es schien ihm Freude zu bereiten.

Hier ist also die Wochenaufgabe: Nehmen Sie sich einen Augenblick Zeit, die Kontaktliste Ihrer engsten Freunde durchzugehen. Kennen Sie ihre Kinder? Wissen Sie, wie sie heißen? Wofür sie sich interessieren? Kaufen Sie ihnen Geburtstagsgeschenke? Wenn Sie mit Ihren Freunden reden, fragen Sie nach ihren Kindern – und hören Sie wirklich zu?

Was ist mit Ihren Nachbarn? Kennen Sie die Namen von deren Kindern, wissen Sie, wo sie in die Schule gehen und was ihre Lieblingsfächer sind? Wenn nicht, brauchen Sie nichts weiter als nur ein bisschen Zeit. Wenn Sie das Herz eines Menschen erreichen wollen, dann schenken Sie seinen Kindern Liebe.

Auf den Punkt: Einfach freundlich sein

Freundlich sein ist nicht schwer. Na ja, vielleicht doch. Wir sind von Natur aus selbstbezogen, und Freundlichkeit bedeutet, darüber hinauszuwachsen, unsere eigenen Prioritäten beiseitezuschieben, an jemand anderes zu denken und ihn oder sie so zu behandeln, wie wir selbst behandelt werden möchten. Doch das sollte nicht schwierig sein. Es sollte der natürliche Rhythmus eines jeden Lebens sein. Ich glaube, ich kenne niemanden, der dem widersprechen würde. Jesus würde es jedenfalls ganz sicher nicht.

Also seien Sie freundlich. Nett. Grüßen Sie andere. Schauen Sie ihnen in die Augen. Fragen Sie nach. Nehmen Sie die Bettler, die Kellner und die Menschen im »Hintergrund« wahr. Lachen Sie mit einem Kind. Verhalten Sie sich mit der gleichen Freundlichkeit wie Jesus, bis seine Art zu Ihrer Art wird. Ich gehe davon aus, dass Sie überrascht sein werden, wie viel Freude Sie dabei entdecken und welche Türen sich öffnen, um mehr von Jesus' guter Nachricht weitersagen zu können.

Tiefer graben und diskutieren

1. Erinnern Sie sich an eine einfache Freundlichkeit, die einen größeren Einfluss auf Ihr Leben hatte, als auf den ersten Blick sichtbar war.
2. Lesen Sie einige der Bibelstellen, die in diesem Teil erwähnt wurden (Matthäus 13; 15,22-28; Markus 10,13-14; Lukas 8,40-48; 18,35-43; 21,1-4; Johannes 4,1-26). Welche Geschichte oder welches Gespräch von Jesus zeigt am deutlichsten seine Freundlichkeit?
3. Diese Woche war die Aufgabe, bewusst freundlich zu sein. Welche der folgenden Möglichkeiten haben Sie ausprobiert? Wie lief es?
   - Bemühen Sie sich, Menschen in die Augen zu schauen und Hallo zu sagen.
   - Nehmen Sie die Menschen wahr, die Ihnen normalerweise nicht auffallen.
   - Geben Sie bewusst keine Antworten und fragen Sie stattdessen nach.
   - Tun Sie für jemanden etwas Kleines, das besonders freundlich oder aufmerksam ist – einfach so.
   - Lernen Sie die Kinder von einigen Ihrer Freunde und Nachbarn kennen. Fragen Sie nach ihnen. Lernen Sie ihre Namen. Zeigen Sie, dass Sie sie sehen und wertschätzen.

TEIL 2

PRÄSENT SEIN

Gott kommt stets im Sakrament des gegenwärtigen Augenblicks zu dir. Dort, in diesem Sakrament, begegne ihm und empfange ihn mit Dankbarkeit.

Evelyn Underhill

Auf ihrem Weg nach Jerusalem kamen Jesus und die Jünger auch in ein Dorf, in dem eine Frau mit Namen Marta sie in ihr Haus einlud. Ihre Schwester Maria saß Jesus zu Füßen und hörte ihm aufmerksam zu. Marta dagegen mühte sich mit der Bewirtung der Gäste. Sie kam zu Jesus und sagte: »Herr, ist es nicht ungerecht, dass meine Schwester hier sitzt, während ich die ganze Arbeit tue? Sag ihr, sie soll kommen und mir helfen.«
Doch der Herr sagte zu ihr: »Meine liebe Marta, du sorgst dich um so viele Kleinigkeiten! Im Grunde ist doch nur eines wirklich wichtig. Maria hat erkannt, was das ist – und ich werde es ihr nicht nehmen.«

Lukas 10,38-42

Mit dieser Geschichte verbindet mich eine Hassliebe. Die arme Marta! Es war unfair, dass die ganze Arbeit an ihr hängen blieb. Hätte Jesus Maria auch so schnell gelobt, wenn das Haus schmutzig und das Essen noch nicht vorbereitet gewesen wäre? Harte Arbeit ist doch nichts Schlimmes, oder? Nein, ganz und gar nicht. Doch es scheint, als ob Jesus – wie er es so oft tat – den tieferen Zustand von Martas Herz ansprach. Sie war besorgt und unruhig wegen vieler Dinge, und dadurch ging ihr der Blick für die reale Gegenwart Gottes direkt vor ihr verloren. Maria hingegen hörte zu, was Jesus sagte, und entschied sich am Ende für das Bessere: Bei dem, was Gott in jenem Augenblick tat, dabei zu sein.

Als ich mit zwanzig Jahren bei Jugend mit einer Mission war, las ich den Klassiker *Allzeit in Gottes Gegenwart* von Bruder Lorenz[22]. Dieses Buch veränderte mich. Es ist im Grunde die Geschichte eines Mönches, der am liebsten weltberühmt geworden wäre, aber den größten Teil seines Lebens beim Abwasch in der Klosterküche »feststeckte« und dort lernte, die Gegenwart Gottes radikal zu »praktizieren« (ein Beweis dafür, dass harte Arbeit nicht notwendigerweise die Fähigkeit ausschaltet, für Gott und andere präsent zu sein). Beeindruckend. Wenn Sie das Buch noch nicht kennen, empfehle ich Ihnen: Legen Sie dieses hier weg und lesen Sie es!

Für Gott präsent zu sein, könnte der Schlüssel zum Leben sein. Zu allem. Einfach bei Gott zu sein – ganz gleich, wo wir sind oder was wir tun – verändert uns. Wenn wir das nicht können, spielt der ganze Rest keine Rolle.

Ich habe zudem festgestellt, dass es alles verändert, wenn wir ganz für und bei Menschen präsent sind. Haben Sie schon mal mit jemandem gesprochen, der ständig über Ihre Schulter hinweg nach der nächsten Person schaut, mit der er sich unterhalten will? Furchtbar, oder?

Doch was ist mit Menschen, die sich Ihre Geschichten aufmerksam anhören? Die daran denken, Sie nach etwas aus einem Gespräch zu fragen, das einige Monate zurückliegt? Die es nicht eilig haben, auf ihr Handy zu schauen oder mit jemand anderem zu reden oder zu gehen? Bei solchen Menschen fühlt man sich wertgeschätzt!

Präsent zu sein, ist ganz einfach, doch diese Haltung wird grundlegend ändern, wie Sie mit der Welt in Beziehung treten.

6 Atmen Sie durch

Die Tiefkühltruhe:	Werden Sie zum Multitasking-Experten.
Der Eisbrecher:	Halten Sie inne. Schauen Sie hin. Sehen Sie.

Jesus war vieles, und manches davon war kontrovers. Doch etwas, das in seinem Leben absolut eindeutig war, war der Umstand, dass er voll und ganz im Augenblick präsent war. Er gab Menschen das wertvollste Geschenk von allen: sich selbst. Er ließ sich in seiner Aufmerksamkeit für diejenigen, die gerade vor ihm standen, nicht ablenken, weil er etwas Besseres zu tun hatte (wie die Welt zu retten).

Ich habe bereits von einem solchen Beispiel erzählt: von der Frau, die ihn »störte«, als er auf dem Weg war, um die sterbende Tochter des einflussreichen Mannes zu heilen. Jesus' Leben vermittelt stets den Eindruck, dass er ansprechbar und auf den Einzelnen konzentriert ist. Das sehen wir auch im Rest der Bibel als Kennzeichen von Gottes Charakter.

Lassen Sie uns dem ein wenig nachgehen und dazu einen Blick auf das Alte Testament werfen – speziell auf das Buch der Anfänge, das erste Buch Mose und das Leben von Abrahams Magd Hagar.[23]

Wahrscheinlich kennen Sie die Geschichte. Sie ist ein Klassiker. Gott verspricht, Abram (der später Abraham genannt wurde) zum Vater einer großen Nation zu machen. Doch Abram und seine Frau Sarai (die später Sara hieß) waren kinderlos. Deshalb vereinbarten sie, dass Abram Sarais ägyptische Sklavin Hagar als Zweitfrau nehmen sollte, damit sie vielleicht durch sie einen Sohn bekämen – Sie wissen schon, sie wollten Gottes Verheißung ein wenig nachhelfen. Diese ägyptische Sklavin wurde schwanger mit Abrams erstem Kind Ismael.

Weil Hagar, die neue Frau, das erste Kind des großen Patriarchen zur Welt bringen würde, fing sie an, sich ein bisschen wichtiger zu nehmen, als es ihr zustand. Daher entwickelte Sarai (wenig überraschend) eine starke Abneigung gegen sie und beschwerte sich bei Abram. Sie fing an, Hagar zu schikanieren. Die schwangere Hagar floh, und während sie am Straßenrand saß und überlegte, was sie jetzt tun und wohin sie gehen sollte, sprach »der Engel des Herrn« sie an. Sie hatten ein ziemlich interessantes Gespräch, das tatsächlich mit Gottes spektakulärer Verheißung für die Nachkommen Ismaels endete.[24]

Doch das eigentlich Interessante ist Ihnen vielleicht gar nicht aufgefallen: Gott sah Hagar. Einige Theologen halten »den Engel des Herrn« für eine Erscheinung von Jesus Christus vor seiner Menschwerdung. Und mir gefällt seine Frage an Hagar: »Woher kommst du und wohin gehst du?«[25] Wow.

Anschließend spricht er einen Segen über sie und ihre Nachkommen aus. Und dann – halten Sie sich fest – gibt Hagar Gott einen Namen: *El-Roï*. Das bedeutet: Gott, der mich sieht.[26]

Hagar, die Ägypterin, machte diese Entdeckung. *Dieser Gott ist der Gott, der mich sieht. Mich. Nicht den Stamm. Nicht den Klan. Mich.*

Sie besaß die Unverfrorenheit, Gott einen Namen zu geben. Das ist mehr als nur ein bisschen gewagt. Doch sie fühlte sich offensichtlich so persönlich berührt, dass sie es mit Zuversicht tat.

Hagar hatte bereits verstanden, was die Autoren und Künstler und Philosophen der Renaissance im 14. und 15. Jahrhundert in Europa »entdecken« würden, nämlich, dass der einzelne Mensch zählt. Das war auch etwas, das Martin Luther im 16. Jahrhundert in Deutschland (wieder)entdeckte – dass unser Gott ein persönlicher Gott ist. Er kennt uns und möchte von uns gekannt werden. Wir können eine persönliche Freundschaft mit Gott haben. Er ist nicht weit weg. Genau genommen ist er unser engster Freund.

Fast 4 000 Jahre vor der kulturellen Renaissance und geistlichen Reformation sprach jene ägyptische Sklavin diese Wahrheit laut aus. Ein persönlicher Gott, der »Menschen sieht«, widersprach völlig dem damaligen Weltbild. Man muss sich das einmal vorstellen: Gott schaute vom Himmel hinunter und sah sie. Nahm sie wahr. Nahm sie wichtig. Und stellte ihr die sehr persönliche Frage, woher sie gekommen war und wohin sie ging.

Hagar nahm die Frage wörtlich, obwohl ich schätze, dass der Engel des Herrn die Frage tief greifender meinte. Ihm war ihr Reiseziel wahrscheinlich weniger wichtig als ihre geistliche Identität.

Mit großer Freude rief sie aus: »Ich habe den gesehen, der mich sieht!«[27], und von da an war ihr ganzes Leben verändert. Sie war vom Allmächtigen gesehen worden.

Das ist der gleiche Gott, der auch uns sieht. Er wurde einer von uns. Er wurde wie wir geboren. Er atmete unsere Luft und aß und trank wie wir. Er spürte unseren Schmerz und teilte unser Leid. Er erlebte den Tod. Dann stand er von den Toten auf, so wie auch wir, die wir ihm folgen, eines Tages auferstehen werden!

Jesus schaute tief in die Augen der leidenden, verlorenen Menschen und fragte sie, woher sie kamen und wohin sie gingen. Und er möchte auch mit uns diesen Weg gehen. Jesus war immer da und wird immer da sein – bei uns.

An diesem Beispiel sehen wir auch, wie wir sein sollen. Dieser Gott, der aufs Völligste und Vollkommenste in Jesus von Nazareth verkörpert ist, hat uns ein Beispiel des vollkommenen Präsentseins gegeben. Wenn wir wie Jesus sein wollen, müssen wir Menschen das Geschenk anbieten, in unseren Alltagsgesprächen hundert Prozent präsent zu sein. Wenn wir das tun, wird es uns verändern – und vielleicht auch unsere Welt.

Ich muss Ihnen gestehen, dass ich das nicht immer gut kann. Ich bin beschäftigt. Ich ignoriere Menschen. Die große Ironie ist, dass ich, während ich dieses Kapitel geschrieben habe, buchstäblich drei Personen ignoriert habe, die bei mir zu Hause waren. (Bekomme ich Extrapunkte dafür, dass ich wenigstens eingestehe, dass ich ein Idiot war?)

Manchmal fällt es mir schwer, einen Gang zurückzuschalten und mich auf den Menschen zu konzentrieren, den ich vor mir habe. Tief Luft zu holen und mich zu entspannen, ist nicht meine größte Stärke. Ich bin einer jener Verrückten, die das Gefühl von Chaos mögen, die dann aufblühen, wenn ihnen fast die Kontrolle abhandenkommt. Die meisten Menschen gebrauchen den Ausdruck *zu viele Bälle in der Luft halten* als etwas Negatives, aber ich begrüße jede Gelegenheit, noch einen weiteren Ball hochzuwerfen, nur um anderen zu zeigen, dass ich es *kann*. Ich mag neue Herausforderungen. Ich bin ein guter Multitasker. Ein Träumer. Ein Unternehmer.

Das sind meine Persönlichkeitszüge und Begabungen, doch sie dürfen keine Ausrede dafür sein, dass ich nicht den Menschen sehe, der vor mir steht, und nicht ganz bei ihm bin.

Als Jugendlicher war ich sehr selbstständig und verbrachte viel Zeit allein. Es kümmerte mich nicht allzu sehr, was andere dachten oder taten. Ich ging bis zu zwei Wochen auf Überlebens-Camping-Ausflüge, nur mit dem, was die Natur lieferte, meinem Hund, meinem Gewehr, meiner Angel und Streichhölzern, um Feuer zu machen. Wenn wir als Familie Urlaub machten, stand ich bei Tagesanbruch auf, ging allein angeln und kam oft nicht vor Einbruch der Dunkelheit zurück.

Doch meine Geschichte ist voller Veränderungen, die Gott an mir bewirkt hat. Und dieser Aspekt meines Lebens änderte sich buchstäblich von einem Tag auf den anderen.

Als ich 19 Jahre alt war, lebte ich ganz allein. Meine Eltern und meine beiden Schwestern waren ins etwa 600 Kilometer entfernte Albuquerque in New Mexico gezogen und ich war in Colorado Springs geblieben, um zu arbeiten. Ich hatte meine eigene Wohnung, mein eigenes Auto und mein eigenes Geld. Zum ersten Mal konnte ich mir meine Gemeinde aussuchen. Weil ich als Pastorenkind aufgewachsen war, hatte ich diese Möglichkeit zuvor nie gehabt. Und wissen Sie, was? Ich entschied mich für eine Pfingstgemeinde aus dem gleichen Gemeindebund, in dem mein Vater den größten Teil meines Lebens Pastor gewesen war. Trotzdem war es eine neue Erfahrung für mich.

Denn das war *der* Tag. Der Tag, an dem ich mich entschied, mich zu verändern. Ich formulierte folgenden Gedanken: *Hier sind alle genauso unsicher wie ich. Ich sollte so tun, als wäre ich extrovertiert, lustig und interessant, da es sowieso niemand besser weiß.*

Also tat ich das. Und es klappte sofort. Meine Hypothese war korrekt. Als ich mich so verhielt, als sei ich nicht unsicher, hielten alle anderen mich für cool. Ich gründete und leitete sogar die

Singlegruppe in dieser großen Gemeinde. Dort lernte ich meine zukünftige Frau Chris kennen. Wir leiteten die Gruppe eine ganze Zeit gemeinsam.

Einfach so war ich plötzlich extrovertiert. Ein Leiter. Erfolgreich. Ziemlich raffiniert, oder?

Dann fingen Menschen in meiner Umgebung an, mir zu sagen, dass ich der Leiter von »großen Dingen« sein würde. Ich wurde Evangelist. Missionar. Gemeindegründer. Alles so, wie es erwartet wurde. Ich tat, was andere zufriedenstellte. Ich bewies, dass ich jemand war. Aus dieser Position heraus habe ich den größten Teil meines Lebens gelebt.

Das Problem dabei ist: Extrovertiert zu sein, Evangelist oder Gemeindegründer zu sein, hat mich nicht automatisch »präsenter« gemacht. Genau genommen hat es mich oft das Gegenteil sein lassen. Wenn ich Menschen leite, muss ich vorneweg gehen oder auf dem Berggipfel stehen und Gottes Stimme hören. Von der Rollendefinition her (oder von dem her, was ich für die Rollendefinition hielt) war ich von den anderen getrennt.

Daher bin ich mittlerweile auf dem Weg, eine neue Verbindung zu Gott und Menschen zu suchen. Statt die Erwartung anderer Menschen auszuleben, die dann zu meinen eigenen Erwartungen wurden, bitte ich Gott nun, die wunderbare Balance wiederherzustellen: Ich möchte einerseits einige Zeit allein sein, damit ich andererseits, wenn ich mit Menschen zusammen bin, etwas mit Substanz zu geben habe. Wenn ich jemanden sehe, möchte ich mich freuen, dass ein anderer Mensch vor mir steht. Stellen Sie sich nur die Möglichkeiten vor!

Wie wäre es also, wenn Sie diese Woche das Geschenk des Präsentseins praktizieren? Geben Sie sich denen, die Sie treffen, voll und ganz. Kein Multitasking. Wenn Sie in einem Gespräch sind und feststellen, dass Sie überlegen, was Sie zum Abendbrot essen wollen, sollten Sie sich entweder in die Gegenwart zurückholen oder aus dem Gespräch zurückziehen. Entweder – oder. Auf keinen Fall dürfen wir anderen Menschen das Gefühl vermitteln, sie wären unwichtig, weil wir nicht voll und ganz im Augenblick bei ihnen präsent sein können.

Wenn Sie im Umgang mit Menschen bewusst präsent sein wollen, versuchen Sie, zwei Fragen zu stellen: »Woher kommst du?« und »Wohin gehst du?«

Und dann hören Sie zu. Gott hat uns zwei Ohren und einen Mund gegeben. Gebrauchen Sie sie in diesem Verhältnis. Es fällt uns schwer, zuzuhören, statt zu reden, weil wir einfach viel lieber reden. Wenn wir reden, behalten wir die Kontrolle. Wir müssen nichts hören, das uns nicht interessiert. Wir stehen im Mittelpunkt der Aufmerksamkeit. Wir können unsere eigene Identität aufpolstern. Versuchen Sie, zuzuhören, um zu verstehen, und nicht, um Ihre Antwort zu formulieren.

Wenn Sie eine Weile Ruhe brauchen, gehen Sie allein irgendwo hin. Wenn Sie (wie es mir oft passiert) zu müde sind, um ganz bei denen präsent zu sein, denen Sie begegnen, bedeutet das, dass Sie Ihre Akkus aufladen müssen. Also tun Sie das. Und kommen Sie dann zurück aufs Spielfeld des Lebens, energiegeladen und bereit, andere als die Menschen zu sehen, die sie wirklich sind.

7 Hören Sie auf, cool sein zu wollen

Die Tiefkühltruhe:	Versuchen Sie, andere zu beeindrucken.
Der Eisbrecher:	Seien Sie verletzlich.

Jesus war eigentlich gar nicht so cool. Wahrscheinlich war er nicht einmal besonders gut aussehend. Wenn man Jesajas prophetische Aussagen wörtlich nimmt, war er wohl eher »unattraktiv«. Er hatte keinen guten Ruf. Höchstwahrscheinlich war er nicht beliebt bei den »coolen Kids«. Die reichen, berühmten, mächtigen, religiösen politischen Anführer waren nicht seine besten Freunde. Vielmehr waren sie diejenigen, die ihn kreuzigten.

Jesus mochte zwar eine gute Party (immerhin war er derjenige, der Dutzende Flaschen besten Weins herstellte), aber er konnte auch eine Spaßbremse sein. Manchmal stellte er einen Gastgeber offen wegen irgendeiner Sünde zur Rede. Er versuchte nicht, sich bei denen beliebt zu machen, die »in« waren. Und er verbrachte anscheinend gezielt Zeit mit denen, die ihm keinen Gefallen tun und ihn nicht materiell unterstützen konnten.

Außerdem zog Jesus sich von Menschenmengen zurück. Wenn sie ihn erwischten, diente er ihnen ohne einen Gedanken an sich selbst, doch er suchte nie die Aufmerksamkeit. Er verschwand, als sie versuchten, ihn zum König zu machen. Jesus lehnte häufig und sehr bewusst das Lob und die Verehrung von Menschen ab. Er wies Satans Versuchungen zurück, die Königreiche dieser Welt zu gewinnen, indem er den Weg des Leidens umging. Wenn er spürte, dass die Menschen zu verliebt in ihn waren, wehrte er ihr Lob ab und wies sie auf den Vater hin.

Mein vielleicht liebster Bibeltext dazu ist Lukas 4,18-19. Jesus las aus der Schriftrolle von Israels Lieblingsprophet Jesaja vor – den Teil, in dem Jesaja voraussagte, dass der Messias (also Jesus) derjenige sein würde, der gesandt war, »um den Armen die gute Botschaft zu verkünden ... Gefangenen zu verkünden, dass sie freigelassen werden, Blinden, dass sie sehen werden, Unterdrückten, dass sie befreit werden und dass die Zeit der Gnade des Herrn gekommen ist«.

Die Menschen waren begeistert. Hier war ein neuer, junger potenzieller Rabbi, der offensichtlich Einfluss hatte, über ihren Lieblingspropheten predigte und ihnen sagte, dass sie bald all diese wunderbaren Dinge erleben würden. Dafür gab es eine Menge »Amen« und »Halleluja«.

Lukas merkt trocken an: »Alle Anwesenden äußerten sich anerkennend über ihn und wunderten sich zugleich über seine Botschaft von der Gnade.«[28] Die Menge mochte diesen Mann aus ihrer Gegend, aus ihrem Stamm und ihrer Sprache und Religion. »Was für ein netter junger Mann«, flüsterten die jüdischen Mütter einander bestimmt zu. Vielleicht würde er eine ihrer Töchter heiraten?

Und was tat Jesus als Nächstes? Vergessen Sie nicht, dass ihm die Situation garantiert voll und ganz bewusst war. Es war seine »Abschlussfeier«. Er sprach von seiner Mission. Es war der Augenblick, für den er geboren worden war – um das Volk Israel wissen zu lassen, dass der Messias gekommen war.

Aber Jesus tat das Unerwartete – mal wieder. Wie jeder gute Prediger illustrierte er seine Aussage anhand von zwei Beispielen. Doch es waren Beispiele, die sein Publikum nicht hören wollte.

Das erste unterstrich den Dienst ihres beliebtesten, vollmächtigen Propheten Elia. Das ist der, der die ganzen scheußlichen Propheten des falschen Gottes Baal getötet hatte. So weit, so gut.

»Zur Zeit Elias gab es in Israel bestimmt viele hilfsbedürftige Witwen«,[29] sagte Jesus. Die Menschen, die ihm zuhörten, schauten sich vermutlich erstaunt an und fragten sich, warum er das erwähnte, denn jeder wusste, dass es zu Elias Zeit Witwen in Israel gegeben hatte.

Jesus fuhr fort: »Dennoch wurde Elia zu keiner von ihnen geschickt, sondern nur zu einer Witwe aus Sarepta.«[30] Sarepta liegt auf dem Gebiet des heutigen südlichen Libanon. Damals stand es unter der Herrschaft Assyriens. Ganz schlecht. Das war der Feind!

Warum brachte Jesus das zur Sprache?

Doch er ging rasch zu seinem nächsten Satz über: »Oder denkt an den Propheten Elisa, der den Syrer Naaman heilte und nicht die vielen Aussätzigen in Israel.«[31] Ganz schlecht. Der Feind. Schon wieder.

Autsch.

Jesus führte einen Libanesen und einen Syrer – Israels Feinde – als Beispiel dafür an, wie sich Jesaja 61 erfüllen würde. In einer jüdischen Synagoge!

An dieser Geschichte gäbe es vieles zu entfalten, doch eines trifft mich immer wieder: wie wenig sich in den letzten 2 000 Jahren in der Politik jener Region verändert hat. Die gleiche Predigt würde auch heute in einer jüdischen Synagoge nicht gut ankommen. (Apropos, bevor wir uns über die eine oder die andere Seite empören: Wenn Jesus diese Predigt in einem phönizischen oder assyrischen Tempel gehalten hätte, hätte er sicherlich den Spieß umgedreht.)

Dann passierte mit der Menschenmenge das, was mit Menschenmengen eben passiert. Binnen weniger Minuten schlug die Liebe in Mordgedanken um.

Menschenmengen drehen sich mit dem Wind. Warum also Zeit und Energie mit dem Versuch verschwenden, zu den »Beliebten« zu gehören? Jesus tat das nie. Seien Sie wie Jesus. Versuchen Sie nicht, cool zu sein.

Wissen Sie noch, wie ich den Papst traf? Ein toller Mensch. Wir hatten eine gute Unterhaltung. Wie Sie sich vielleicht denken können, sprachen wir über den Nahen Osten, über Muslime und ein gutes Stück über Jesus.

Die Sache ist die: Ich könnte mich dazu entscheiden, die Geschichte hier zu beenden. Ich könnte Ihnen einfach mitteilen, dass der Papst und ich ganz dicke Freunde sind. Sie wären angemessen beeindruckt.

Oder ich könnte Ihnen den Rest der Geschichte erzählen. Ich traf ihn als einer von einer langen Reihe von Leuten, die ihm an jenem Tag die Hand schüttelten. Ich hatte ungefähr vierzig Sekunden mit ihm. Es gelang mir, etwas über den Nahen Osten zu sagen und dass Gott Muslime liebt. Ich dankte ihm für seine Liebe zu allen Menschen und erzählte ihm, dass ich ein Jesusnachfolger bin, der mit seiner Frau (die hinter mir in der Menschenmenge stand und dem Papst nicht die Hand schütteln konnte) teils in den USA und teils in Dubai lebt. Die Begegnung war immer noch eine Ehre, natürlich. Der Papst hörte zu, nickte und lächelte viel, und dann sagte er am Ende meiner kleinen Rede: »Bitte beten Sie für mich.«

Soll heißen: Ich erwarte in nächster Zeit keinen Anruf aus dem päpstlichen Vorzimmer, um mich mit ihm auf ein kühles Blondes zu treffen.

War es »cool«, dass ich den Papst treffen konnte? Natürlich. Doch vor Jahren hätte ich aus diesem Treffen viel mehr gemacht, als es ehrlicherweise war. Der ehrliche Teil ist, dass ich ihn tatsächlich getroffen habe. Der Rest der Geschichte ist, dass er weder mich noch meinen Namen wiedererkennen würde. In meinem Bemühen, ein klein wenig wie Jesus zu sein, ist es mir wichtig, das potenzielle Lob von Menschen bewusst abzulenken und sogar ausdrücklich zurückzuweisen. Und ich versuche es wirklich!

Ehrlichkeit und bewusste Demut kann man auch »Verletzlichkeit« nennen. Verletzlichkeit bedeutet im Grunde, angreifbar zu sein. In unserer Welt macht uns nichts so angreifbar, wie zu dem zu stehen, was wir wirklich sind. Verletzlich zu sein hilft uns, der Coolness-Falle aus dem Weg zu gehen. Wenn Sie wissen wollen, wo man damit anfängt, schauen Sie sich Brené Browns TED-Talk zur Macht der Verletzlichkeit an.[32] Das Video wurde von Millionen von Menschen aufgerufen und ist meines Wissens der bisher am vierthäufigsten gesehene TED-Talk. Dieser Vortrag ist bestimmt zwanzig Minuten Ihrer Zeit wert.

Früher tat ich, als wäre ich cool, doch im Herzen fühle ich mich eigentlich eher wie ein etwas absonderlicher Einzelgänger. Ich reiße abgedroschene Witze. In meinen Vorträgen bin ich nicht besonders wortgewandt. Wie der Apostel Paulus schreibe und predige ich nicht mit weisen, überzeugenden Worten. Früher hat mich das schier verrückt gemacht. Aber jetzt nicht mehr. Ich lerne, mit dem Menschen zu leben, als den Gott mich erschaffen hat. In diesen Punkten offen und verletzlich zu sein, war ein großer Schritt in diese Richtung.

Üben Sie diese Woche, in Ihren Gesprächen Sie selbst zu sein. Versuchen Sie nicht, zu beeindrucken oder zu dominieren, sondern seien Sie ganz so, wie Sie wirklich sind. Einfach Sie selbst. Das ist genug.

8 Öffnen Sie Augen und Ohren

Die Tiefkühltruhe:	Lassen Sie das Gespräch an der Oberfläche dahindümpeln.
Der Eisbrecher:	Finden Sie heraus, was wirklich bei und mit anderen Menschen los ist.

Haben Sie schon einmal in einem Gespräch erlebt, dass Sie sich plötzlich gefragt haben, was da eigentlich los ist? Ob Ihr Gesprächspartner tatsächlich gerade das gesagt hat, was Sie gehört haben? Dieses Problem hatte Jesus nie. Er war ein Meister darin, unter die Oberfläche zu schauen. Jesus wusste offenbar, was los war – was wirklich los war. Ich wünschte, ich könnte das genauso »wissen«.

Jesus nahm nichts nach dem äußeren Anschein hin. Ja, er hatte den »unfairen« Vorteil, Gott zu sein, doch weil er in allen Dingen versucht wurde, so wie wir, muss ich davon ausgehen, dass er auch in der Versuchung stand, zu übersehen, was in der unsichtbaren Welt, die ihn umgab, tatsächlich vor sich ging.

Seine Gespräche waren direkt oder verwirrend oder einfach oder komplex, je nach Person und Situation. Er setzte Gespräche außerordentlich absichtsvoll ein, weil er nie an der Oberfläche der Dinge bleiben wollte. Wenn sein Gegenüber mehr als eine Frage brauchte, um etwas zu begreifen, stellte er noch eine Frage. Wenn sein Gegenüber dazu herausgefordert werden musste, seine Perspektive zu überdenken, dann bot Jesus ihm diese Herausforderung.

Jesus konnte erkennen und wirklich sehen, was im Leben eines jeden Menschen hinter den Kulissen vor sich ging. Wir haben diese Fähigkeit ebenfalls; wir müssen nur lernen, sie zu nutzen.

Versuchen Sie es einmal mit folgendem Beispiel: In Matthäus 16 finden wir ein klassisches Gespräch zwischen Jesus und den Pharisäern und Sadduzäern. Diese religiösen Oberen kamen zu ihm, um ihn auf die Probe zu stellen (genauer gesagt, um ihn in eine Falle zu locken), und baten ihn um ein »Zeichen vom Himmel«.[33]

Jesus erwiderte: »Abendrot verheißt gutes Wetter für den nächsten Tag, Morgenrot bedeutet für den ganzen Tag schlechtes Wetter. Das Wetter könnt ihr anhand der Zeichen am Himmel gut deuten, aber die ganz offensichtlichen Zeichen der Zeit begreift ihr nicht!«[34]

Wie bitte?

Was für ein Gespräch ist das denn? Wenn wir von Jesus lernen wollen, gute Gespräche zu führen, gibt uns dieses hier offen gesagt nicht viel Stoff. Ich finde es eher ein wenig rätselhaft. Und vielleicht soll das genau so sein. Die Pharisäer und Sadduzäer versuchten, Jesus eine Falle zu stellen, und er durchschaute diesen Versuch. Also machte er einen galanten Ausfallschritt und sorgte dafür, dass sie es waren, die sich am Kopf kratzten.

In den Evangelien sind uns jede Menge solcher Momente überliefert, in denen Jesus eine Frage nahm und komplett auf den Kopf stellte. Der sogenannte »reiche Jüngling« kam zu Jesus, fiel ihm zu Füßen und fragte ganz zerknirscht: »Guter Lehrer, was soll ich tun, um das ewige Leben zu bekommen?«[35]

Wenn er mir diese Frage gestellt hätte, hätte ich mich wahrscheinlich auf die offene Tür gestürzt, die mir der reiche junge

Mann da aufhielt, und ihm Schritt für Schritt den Weg zur Erlösung erklärt. Aber nicht Jesus. Er hörte dem Mann aufmerksam zu und weigerte sich, an ihm vorbei seine eigene vorgeplante Agenda durchzuziehen.

Zunächst wies ihn Jesus behutsam zurecht, indem er sagte, niemand außer dem Vater im Himmel sei gut. (Was?) Dann antwortete er ihm mit einer kurzen Zusammenfassung der Zehn Gebote, die der junge Mann laut seiner eigenen Aussage seit seiner Kindheit befolgt hatte.

Aber dann, wie aus dem Nichts, überrumpelte Jesus den armen Kerl und forderte ihn auf, all seinen Besitz zu verkaufen und den Erlös den Armen zu spenden.

Komm schon, Jesus! Das ist total unfair. Warum sollte der junge Mann das tun? Der arme Kerl ging traurig weg, denn er war sehr reich. Mich hätte das auch traurig gemacht. Doch Jesus schaute hinter die Frage hinein ins Herz des Mannes und forderte ihn heraus. War sein Herz bei seinen Reichtümern oder bei Jesus und seinem Königreich?

Der reiche Mann stellte eine ehrenwerte Frage. Jesus antwortete mit einer leichten Zurechtweisung.

Dann testete er die Theologie und Lebenspraxis des Mannes. Der ehrenwerte Mann bestand den Test.

Doch nun kam die harte Frage. Der ehrenwerte Mann knickte unter dem Druck ein.

Daher waren die Jünger verwirrt.

Natürlich ließ sich Jesus solche Situationen nie als lehrreiche Momente für seine Jünger entgehen. Als sie sahen, wie der reiche Mann wegging, und fragten, wer gerettet werden könne, wenn nicht er, antwortete Jesus auf ihre Verwunderung und Verwirrung, dass es Menschen mit viel Besitz schwerfällt, loszulassen und in Gottes Königreich zu kommen. Aber er hatte auch eine gute Nachricht für sie: Dinge, die wir für unmöglich halten, kann Gott möglich machen.

Weil Jesus ständig in hörender Verbindung mit seinem Vater stand, kannte er das Herz des reichen jungen Mannes und die Herzen seiner verwirrten Nachfolger. Und so wie Jesus können auch wir auf den Vater hören und lernen, das Herz von Menschen besser zu erkennen.

Natürlich ist dazu Übung nötig. Viel Übung.

Meine natürlichen Augen sind nicht so gut – sie haben nachgelassen, als ich fünfzig wurde – und meine geistlichen Augen brauchen noch viel Training. Während ich an diesem Buch arbeitete, verbrachten meine Frau und ich etwas Zeit in Mexiko im Haus eines Freundes, damit ich mich auf das Schreiben konzentrieren konnte. Eines Tages begegneten wir einer Frau aus China, die versuchte, uns etwas zu verkaufen, und wir taten recht erfolgreich alles, worüber ich im ersten Teil dieses Buches gesprochen habe. Wir waren freundlich zu ihr und grüßten sie. Wir nahmen sie als Mensch wahr. Wir stellten ihr Fragen. Wir taten etwas Kleines für sie (wir kauften, was sie uns verkaufen wollte). Ihr Sohn war nicht dabei, aber wir fanden seinen Namen heraus und lernten ihn durch sie kennen.

Wir waren ganz präsent. Wir sahen sie drei Tage nacheinander und nahmen uns jedes Mal Zeit, um mit ihr zu reden. Wir wurden Freunde.

Beim letzten Mal, als wir bei ihr waren und uns einfach mit ihr unterhielten, fing sie an, sich wirklich zu öffnen. Meine erste Reaktion als der fromme Autor, der ich bin, war, weiterzugehen.

Ich war damit beschäftigt, ein Buch darüber zu schreiben, wie man so gute Gespräche mit Menschen führt, wie Jesus es tat – und ich hatte keine Zeit, mich jetzt durch ein solches Gespräch stören zu lassen.

Doch dieser Gedanke ging schnell vorbei und ich blieb, wo ich war. (Dass Chris mich unter dem Tisch zwickte, war dabei wahrscheinlich eine Hilfe.) Während wir uns unterhielten, hatten sowohl Chris als auch ich das Gefühl, wir sollten sie fragen, ob wir für sie beten dürfen. Normalerweise fragt Chris als Erste nach solchen Dingen, aber später erzählte sie mir, dass sie diesmal fand, ich sollte es tun. Als das Gespräch zum Ende kam, fragte ich einfach: »Dürfen wir für Sie beten? Wir haben den Eindruck, als könnten Sie es gebrauchen, dass Gott Sie anrührt.«

Die Frau hatte uns bereits erzählt, sie hätte keinen Glauben. Ich denke, »keine Religion« war der Ausdruck, den sie verwendete. Doch wir stellen immer wieder Folgendes fest: Wenn Menschen in Not sind, spielt es keine Rolle, was sie meinen zu haben oder nicht zu haben, was sie glauben oder nicht glauben – sie freuen sich immer über Gebet!

Wir saßen am Tisch und senkten die Köpfe, draußen mitten im Getümmel, während ihre Kollegen zuschauten, und beteten. Genau genommen beugten sie und Chris den Kopf und schlossen die Augen. Ich war immer noch ein bisschen zu cool dafür, ließ also die Augen offen und den Kopf erhoben. Ich wollte ja nicht, dass die Leute uns für seltsam hielten oder so ... (traurig, oder?)

Alles in mir möchte in die nächsten Zeilen eine eindrückliche Gottesbegegnung hineinschreiben. Oder wenigstens berichten, dass die Frau in Tränen ausbrach und Chris den ganzen Ärmel nass weinte. Aber nein. Eigentlich passierte gar nichts. Sie sagte:

»Wow, das war schön!«, und »Vielen Dank!« Sie war offensichtlich berührt von unserer Liebe und Anteilnahme. Und wir haben sie seitdem nicht wiedergesehen.

Das war's. Dieses Gespräch war keine besonders große Hürde. Chris und ich achteten auf das, was unter der Oberfläche vor sich ging. Die Frau, die vor uns saß, war uns sehr wichtig. Wir hatten beide »von Gott gehört«, dass wir beten sollten, und das taten wir. Das Ergebnis liegt bei Gott. Und das ist nicht nur ein frommer Satz (obwohl es wahrscheinlich ein guter, einfacher theologischer Grundsatz ist), sondern es ist wahr. Das Ergebnis liegt tatsächlich bei Gott. Und wir werden wahrscheinlich nie erfahren, was geschah, nachdem wir weggegangen waren.

Versuchen Sie diese Woche, in Ihren alltäglichen Begegnungen auf Gott zu hören, um unter die Oberfläche von Gesprächen zu gelangen. Wenn Sie das noch nicht oft getan haben, schlage ich Ihnen zum Einstieg Folgendes vor:

1. Beten Sie »Gott, ich brauche Hilfe, um deine Stimme zu hören«, oder etwas Ähnliches.
2. Wenn Sie in irgendeiner Situation mit Menschen sprechen, versuchen Sie, während Ihr Gegenüber redet, auch für das empfänglich zu sein, was auf dem anderen Kanal passiert, auf dem Gott-Kanal. Schauen Sie einfach, ob Ihnen dann während des Gesprächs ein passender Gedanke kommt.
3. Wenn Ihnen ein solcher Gedanke kommt, handeln Sie entsprechend. Sie könnten sagen: »Wissen Sie, als wir uns gerade unterhalten haben, hatte ich diesen Gedanken … können Sie etwas damit anfangen?« (Oder: »Trifft das irgendwie auf Ihre Situation zu?«)

Wenn Sie das jahrelang machen, werden Sie wirklich lernen, zu sehen, was Jesus sieht. Als er seine Jünger aufforderte, die Augen aufzumachen und zu sehen, dass die Ernte reif ist,[36] sagte er das meines Erachtens, weil ihre Augen sonst nicht offen gewesen wären. Wenn unsere Augen offen sind, verändern sich unsere Gespräche.

9 Akzeptieren Sie, dass Sie nicht Gott sind

Die Tiefkühltruhe:	Nehmen Sie sich zu wichtig.
Der Eisbrecher:	Seien Sie demütig.

Vor vielen Jahren hatte ich einen Freund, der ein ehemaliger Strafgefangener war, Probleme mit Alkohol und Drogen hatte (ich war sein Betreuer bei Narcotics Anonymous, einer Gruppe für genesende Drogenabhängige) und mit mir auf dem Bau arbeitete. Er sagte gern (ungefähr jedes Mal, wenn ich ihn sah): »Carl, ich weiß nur eins: Es gibt einen Gott, und ich bin es nicht.« Dann lachte er und lehnte sich zurück, als hätte er eine tief greifende Entdeckung gemacht. Und ich glaube, das hatte er auch.

Jesus ist Gott. Ich nicht.

Jesus ist Gott, doch in seiner Zeit auf der Erde war er immer und beständig unglaublich demütig. Immer und immer wieder stellte Jesus seine Demut unter Beweis.

Jesus sagte, dass er nur tun kann, was der Vater tut, und dass es bestimmte Dinge gibt, die nicht einmal er weiß. (Selbst Jesus war kein Besserwisser. Lassen Sie sich das mal auf der Zunge zergehen.)

Angesichts von unwahrer und ungerechter Kritik schwieg er.

Er sprach nie überzogen von seinem Auftrag, um eine Aussage zu unterstreichen.

Jesus war demütig.

Bevor wir weitermachen, möchte ich das Wort Demut definieren, denn sie hat einen schlechten Ruf. Merriam-Webster's Wörterbuch erklärt den Begriff folgendermaßen: »die Eigenschaft oder der Zustand, sich nicht für besser als andere Menschen zu halten«.[37] Ich möchte dem Ganzen noch einen geistlichen Akzent geben und formulieren: Demut bedeutet, sich selbst so zu sehen, wie Gott uns sieht. Nicht mehr und nicht weniger.

So war es bei Jesus. Er fühlte sich wohl in seiner Haut. Er wusste, wo er hingehörte. Er war kein Schwächling oder Fußabtreter. Er war stark. Widerstandsfähig. Resolut. Engagiert. Offenherzig. Diskussionsfreudig. Er war nicht schwach.

Und er war mit Sicherheit der demütigste Mensch, der je gelebt hat. Es ist möglich, sowohl stark als auch demütig zu sein.

Meine Geschichte mit der Demut ist sehr durchwachsen. Positiv ist, dass ich mich ziemlich gut kenne und bereit bin, dazu zu stehen. Ich kann mich ganz gut zurücknehmen, besonders wenn ich (öffentlich) rede. Ich mache gern Witze über mich selbst und nehme mich nicht allzu ernst.

Ich weiß auch, was ich gut kann und was nicht. Ich kann sehr gut in der Öffentlichkeit reden. Ich kann die Aufmerksamkeit eines Publikums halten und mich deutlich ausdrücken. Das weiß ich. Ich kann auch ganz gut schreiben, aber nicht fantastisch. Eigentlich kann ich Worte und Gedanken nicht besonders gut formulieren, und meine Grammatik und Syntax sind meistens irgendwo zwischen schlecht und fürchterlich – und ich gebrauche viel zu oft Auslassungszeichen und Gedankenstriche in meinen Endlos-Sätzen ... wie diesem hier.

Ich weiß, dass ich ein schlechter Manager bin. Ich bin kein besonders guter Leiter. Aber ich kann wirklich gut Menschen motivieren, indem ich mich kopfüber in eine Sache stürze und andere ermutige, das Gleiche zu tun. Wenn wir dann alle im Boot sind, weiß ich nicht unbedingt, was wir als Nächstes machen sollen. Ich bin ein guter Starter, ein mittelmäßiger Fertigsteller und ganz schlecht bei allem dazwischen.

Ich würde sagen, das ist Demut. Ich sehe mich als der Mensch, der ich bin. Selbsttäuschung oder Selbstbetrug kommen bei mir relativ selten vor.

Trotzdem stehe ich in der Versuchung, besser von mir zu denken, als ich es sollte. Und ich bin unsicher, was oft zu Hochmut führt. Ich überlege zu viel, was andere über mich und das, was ich tue, denken. Ich werde leicht verlegen und defensiv. Ich denke darüber nach, was Sie über das denken, was ich darüber denke, was Sie denken. Demut tut das nicht. Demut bedeutet nicht, weniger von sich zu halten, sondern weniger an sich zu denken.

In meinen Begegnungen mit Menschen muss ich mir dessen bewusst sein, wer ich bin, im Positiven wie im Negativen, in meinen Stärken und Schwächen. Nur dann kann ich den anderen großzügig begegnen, schneller zuhören und langsamer antworten, frei von dem Bedürfnis, mich vor mir selbst, vor Gott oder vor anderen zu beweisen. Und das befähigt mich, einfach in einem Gespräch zu *sein*, ohne ein Ergebnis zu erzwingen.

Der Mensch, mit dem ich die meisten Gespräche führe, ist meine Frau Chris. Wir reden jeden Tag miteinander. Selbst wenn ich auf Reisen bin, schicken wir uns wenigstens SMS und telefonieren in der Regel täglich. Sie ist viel demütiger als ich, aber sie ist auch eine eigensinnige Griechin. Und wie Sie sich vorstellen können, führt das manchmal zu Konflikten. (Psst, nicht weitersagen!)

Wenn ich in meinen Gesprächen mit ihr demütig bin, höre ich schneller zu und urteile langsamer über das, was sie meiner Auffassung nach sagt. Ich reagiere langsamer und warte, bis sie fertig ist. Genau genommen schneidet sie Themen, bei denen sie einen wunden Punkt vermutet, oft mit dem Satz an: »Sag bitte nichts, bis ich fertig bin.« Das sagt sie, weil ich dazu neige, jede Regel zu brechen, über die ich gerade geschrieben habe. Die Herausforderung für ein gutes Gespräch in der Ehe (zumindest in unserer) ist, nicht zu viel vorauszusetzen. Chris und ich wissen, dass wir für den Rest unseres Lebens zusammen sind, also setzen wir vieles als selbstverständlich voraus, wenn der andere redet.

Aber das ist natürlich lächerlich.

Wenn in unseren Gesprächen Demut herrscht, verlaufen sie sehr viel besser. Um Welten besser. (Das versuche ich Chris schon seit Jahren zu sagen, aber ...)

Deshalb sollten wir damit anfangen, in unseren engsten Beziehungen demütig zu sein – in unserer Familie. Setzen Sie nichts voraus. Stellen Sie Fragen. Warten Sie ab, bevor Sie sagen, was Sie denken, und hören Sie zuerst richtig zu. Wenn jemand eine Frage stellt und Sie die Antwort nicht wissen, sagen Sie einfach: »Ich weiß es nicht.« Seien Sie demütig. Schauen Sie, welche neuen Gesprächsbereiche sich eröffnen.

Wenn wir das bewusst bei den Menschen praktizieren, bei denen wir am meisten dazu neigen, etwas vorauszusetzen, wird uns das helfen, in unserem Umgang miteinander präsenter und zielgerichteter zu sein.

Arbeiten Sie diese Woche daran, in Ihren Gesprächen demütig zu sein. Bewegen Sie sich mit stillem Selbstbewusstsein in dem, was Sie wissen, und lassen Sie alles los, bei dem Sie sich nicht so sicher sind. Widerstehen Sie der Versuchung, alles zu sagen, was Ihnen gerade einfällt. Und wenn Sie doch etwas Wichtiges zu sagen haben, sagen Sie es klar und deutlich und widerstehen Sie der Versuchung, sich zu wiederholen. Seien Sie selbstbewusst, aber nicht anmaßend, und seien Sie vor allem gute Zuhörer. Das ist die höchste Form von Demut in einem Gespräch.

10 Seien Sie nicht so strategisch

Die Tiefkühltruhe:	Machen Sie sich zu viele Gedanken über alles.
Der Eisbrecher:	Lassen Sie sich ab und zu einfach mal auf etwas ein.

In mancher Hinsicht war Jesus sehr strategisch. Seine Ziele, seine Absicht, sein Auftrag und seine Mission kommunizierte und lebte er in seiner typischen Art und Weise klar und deutlich. Doch wenn es um Leitung und Strategie und all jene guten Dinge geht, holen wir uns unsere Anregungen normalerweise nicht bei Jesus. Ich habe noch nicht viele Bücher – selbst christliche Bücher – zu diesen Themen gesehen, die aus einer Jesus-zentrierten Perspektive geschrieben waren. Autoren neigen dazu, andere Personen wie Mose, Nehemia, Josua und den Apostel Paulus heranzuziehen. Diese Männer sind alle großartige Vorbilder, doch sie sind nicht Jesus.

Ich glaube, wir bringen Jesus normalerweise nicht mit Strategie in Zusammenhang, weil seine Strategie ziemlich *unstrategisch* war. Es ist schwer, mit einer Drei-Punkte-Liste zu beschreiben, wie er arbeitete. Ich habe versucht, sein Leben zu analysieren und nach übereinstimmenden Strategiesträngen zu suchen, und es ist fast unmöglich. Jesus ließ sich ständig von Menschen stören, die augenscheinlich in keine Strategie passten. Wenn Dinge richtig in Bewegung gerieten, sagte er entweder etwas, das garantiert den Schwung herausnahm, oder er stand einfach auf und ging.

Einer meiner absolut liebsten unstrategischen Jesus-Momente findet sich in Johannes 6 am Ende seiner wunderbaren Ausführungen über das Brot des Lebens. Zum Schluss seiner Predigt lässt er eine kleine »Brot-Bombe« platzen: »Wenn ihr das Fleisch des Menschensohnes nicht esst und sein Blut nicht trinkt, könnt ihr das ewige Leben nicht in euch haben.«[38]

Bitte schön! Esst sein Fleisch und trinkt sein Blut! Stellen Sie sich vor, Sie sitzen auf Ihrer Lieblingsbank in der Synagoge und hören diese Worte von ihm, während er direkt vor Ihnen steht. Unappetitlich!

Johannes berichtet weiter, dass viele der Jünger das »ungeheuerlich«[39] fanden. Ach was, ehrlich?

Dann fragte Jesus: »Nehmt ihr daran Anstoß?«[40]

Ähm ... ja, viele nahmen Anstoß daran, denn »von da an wandten sich viele seiner Jünger von ihm ab und folgten ihm nicht mehr nach«.[41]

Wenn ich Jesus wäre, würde mich alles in meinem Handbuch über Gemeindewachstum und strategischen Dienst dazu anregen, mir die Jünger zu schnappen, die gerade gehen wollen, und zu erklären, was ich damit gemeint habe. Natürlich konnte Jesus nicht wörtlich gemeint haben, dass sie seinen leiblichen Körper essen und sein echtes Blut trinken sollten – das wäre Kannibalismus. Zumindest hätte er sich denen erklären müssen, die geblieben waren.

Doch er tat keines von beidem. Er fragte die übrig Gebliebenen lediglich, ob sie auch gehen wollten.

Nicht gerade strategisch klug, würde ich sagen. Zumindest nicht in der Art und Weise, wie wir Strategie verstehen.

Wie bereits erwähnt machte es Jesus nichts aus, Menschen vor den Kopf zu stoßen. Den reichen jungen Mann. Die Zuhörer in der Synagoge in Nazareth, wo er eine libanesische Frau und einen syrischen Beamten als Beispiele dafür anführte, wie Gottes Gnade in Erfüllung von Jesaja 61 ausgegossen wird. Jesus stieß immer wieder Menschen vor den Kopf. Sogar diejenigen stieß er vor den Kopf, die hätten helfen können, seine Botschaft zu verbreiten: Menschen in Führungspositionen, wie zum Beispiel römische und jüdische Politiker und religiöse Autoritäten.

Diejenigen, mit denen er am freundlichsten und behutsamsten umging, waren Menschen am Rand der Gesellschaft. Aussätzige. Bettler. Samaritaner. Frauen und Kinder. Selbst die zwölf jungen Männer, die er anfangs als seine engsten Nachfolger berief, hatten keine Machtposition inne. Oft wurde sehr abfällig angemerkt, dass diese Männer »aus Galiläa«[42] waren, einem armen, unscheinbaren Landstrich Israels. Sie waren bestenfalls Kleinunternehmer. Jung. Ungebildet. Fischer – meist raue, ungepflegte Leute. Eigentlich wissen wir nur über drei von Jesus' Jüngern wirklich viel, nämlich über Petrus, Jakobus und Johannes. Die anderen hinterließen keinen großen Eindruck, oder sie hinterließen (im Fall von Judas) den falschen Eindruck.

Auch das sieht nach keiner besonderen Strategie aus.

Vielleicht liegt das Problem darin, was ich unter »strategisch« verstehe. Obwohl ich einen großen Teil meines Erwachsenenlebens außerhalb der USA verbracht habe, habe ich immer noch eine sehr westlich geprägte Vorstellung davon, wie meine Strategie aussehen sollte. Ich sollte sie aufschreiben, auf einer Fahrstuhlfahrt vorstellen, privat und öffentlich verteidigen können, und vor allem sollte ich sie kennen und aus dem Herzen heraus und konsequent ausleben. All das sind übrigens gute Aspekte; es ist nichts falsch daran. Es ist nur nicht das, was Jesus mit seinem Leben tat.

Ich halte das für so wichtig für unser Verständnis von Jesus' Gesprächsstil – und letztlich für unseren eigenen –, weil unsere Gespräche, wenn wir der Strategie zu viel Bedeutung beimessen, unnatürlich und sogar richtiggehend sonderbar werden. Glauben Sie mir, ich spreche aus Erfahrung.

Als ich 21 Jahre alt war, absolvierte ich in unserer Gemeinde ein Programm mit dem Titel »Evangelisation Explosiv« (EE). Ich beherrschte es bald recht gut, also wurde ich Mitarbeiter. Es ist ein wunderbares Programm, das Gemeinden helfen soll, Besuchern nachzugehen und Gelegenheiten zu schaffen, Menschen zu Jesus zu führen. Wer neu in der Gemeinde ist, kann ein Formular ausfüllen und angeben, ob er oder sie offen für einen Besuch von jemandem aus der Gemeinde ist. Dann nimmt ein EE-Mitarbeiter Kontakt zu der betreffenden Person auf und vereinbart einen Termin.

Ich habe viele solcher Besuche gemacht. In der Regel waren die Menschen dankbar, dass die anderen Mitarbeiter und ich zu ihnen kamen, und wir taten unser Bestes, die Gute Nachricht freundlich und gütig weiterzusagen. Das war Strategie vom Feinsten.

Im Prinzip eröffneten wir das Gespräch ohne Umschweife mit »den zwei Fragen«. Die erste Frage war ungefähr: »Wenn Sie heute Nacht sterben würden, wüssten Sie, ob Sie in den Himmel kommen?« Ein wenig direkt, aber es brachte die Sache definitiv in Bewegung.

Die zweite Frage war ähnlich: »Wenn Sie vor der Himmelstür stehen würden und Gott würde zu Ihnen sagen: ›Warum soll ich dich in meinen Himmel lassen?‹, was würden Sie antworten?«

Nicht gerade unaufdringlich. Würde ich so etwas je wieder machen? Auf gar keinen Fall!

Das Problem ist folgendes: Wir können Unmengen Gespräche mit Menschen führen, die Jesus nicht kennen. Wir können die »Römerstraße« benutzen (Römer 3, 5, 6 und 10), das Brückendiagramm, die EE-Strategie und die »Vier geistlichen Gesetze« – und damit deutlich, prägnant und sogar effektiv sein. Strategisch im besten Sinne der westlichen Definition.

Doch eine Strategie führt nicht zu einem echten Gespräch. Schon von der Definition her bedeutet »Gespräch«, dass zwei (oder mehr) Personen einen Dialog in Echtzeit mit gegenseitigem Geben und Nehmen über ein Thema führen. Die oben erwähnten Instrumente, die ich als junger Erwachsener sehr lange Zeit einsetzte, waren einfach Monologe, die den Anschein erweckten, Gespräche zu sein. Das ist so ähnlich wie Predigen, nur ohne Kanzel.

Doch Jesus war der Meister echter Gespräche. Jede Diskussion ging in eine andere Richtung. Er hatte keine vorgeplante Methode, um mit Menschen zu sprechen. Kein Strickmuster.

Ich musste lernen, echte, ehrliche, wechselseitige Gespräche mit Menschen zu führen. Das ist erstaunlich schwierig für mich, obwohl ich ja eigentlich beruflich mit Menschen arbeite. Es bedeutet, dass ich meine Agenda oder Strategie beiseitelegen und die Begegnung zu ihren eigenen Bedingungen geschehen lassen muss. Zu echten Gesprächen gehört es, wirklich zuzuhören – der anderen Person und dem Heiligen Geist. Wie wir bereits besprochen haben, bedeutet das, Fragen zu dem zu stellen, was man gehört hat. Und in einem guten Gespräch sollten wir nicht schon vorausdenken und meinen, wir hätten die Antwort auf das spezielle Problem unseres Gegenübers oder eine gute Geschichte, die auf die Geschichte des anderen folgen kann. Wir müssen der Versuchung widerstehen, zu wissen, was wir als Nächstes sagen werden. Lassen wir unser Gegenüber die Führung übernehmen.

Wenn wir das tun, werden sich in den meisten Fällen sehr gute Gespräche entwickeln, in denen die andere Person sich wirklich ernst genommen und gehört fühlt, weil sie das Gefühl hat, Priorität zu haben und nicht einfach ein Projekt zu sein. Und wenn Menschen sich ernst genommen und gehört fühlen, stürzen Mauern ein.

Vor einigen Tagen luden uns unsere Nachbarn auf einen abendlichen Drink zu sich ein, um von unserer letzten Reise nach Dubai zu hören. Sie sind gutherzige Universalisten, die leben und leben lassen. Eben Menschen, wie man sie sich als Nachbarn wünscht. Sie stiegen mit der Bemerkung ein, wie schön es doch sei, dass in Dubai alle in Frieden und Harmonie zusammenleben (was tatsächlich größtenteils stimmt, jedenfalls oberflächlich betrachtet), und sie meinten, wenn nur die ganze Welt so nett wäre und gegenseitig die jeweiligen Religionen und Orientierungen tolerieren würde, würden wir alle gut miteinander auskommen.

Ein großer Teil von mir stimmt dieser Aussage zu. Genau genommen ist das ein großartiger Plan für eine großartige Welt. Aber ich kann einfach nicht der Prämisse zustimmen, die in der Regel solchen Gedanken zugrunde liegt.

In der Vergangenheit hätte ich wahrscheinlich reingegrätscht und mit meinem eigenen vorgeplanten »Das stimmt nicht, weil …« losgelegt. Klingt nach einer guten Strategie, falsche Annahmen zu korrigieren, um den Weg für die Wahrheit zu ebnen, oder?

Aber das tat ich nicht. Weil etwas, das wie eine gute Strategie klingt, auch ganz schnell ein Gespräch beenden kann. Also hörte ich einfach zu, nickte hauptsächlich und gab unbestimmte Geräusche von mir (solche, bei denen man nicht richtig weiß, ob es eine

Zustimmung ist oder nicht). Das Gespräch verlief dann eine Weile am zuckersüßen Rand von Weltfrieden und Gruppenumarmungen, ohne dass ich ein gegenteiliges Wort gesagt hätte. Denn wer mag schon keinen Zucker, Weltfrieden und Gruppenumarmungen?

Und es war gut, dass ich nicht viel sagte, denn bald stellte sich heraus, dass unsere Nachbarn gerade erst ein Familiendrama erlebt hatten – genauer gesagt, an diesem Tag. Es war ein ziemlich harter Brocken, ein ziemlich seltsames Problem für sie, das sie zu bewältigen hatten. Das Letzte, was sie brauchten, war einen Fundamentalisten wie mich, der ihnen vor den Latz knallte, dass die Welt ein einziges Chaos ist, weil sie ihren Retter abgelehnt hat.

Sie sagten, sie wünschten sich Weltfrieden, doch eigentlich waren sie auf der Suche nach innerem Frieden. Der Verzicht auf eine Strategie erlaubte es mir, zu dem vorzudringen, was ihnen wirklich auf dem Herzen lag.

Meine neue Strategie, die ein bisschen mehr auf der Linie von Jesus liegt, ist also, in echten Gesprächen geduldig zuzuhören und das Gespräch so verlaufen zu lassen, wie mein Gegenüber und Gott es wollen.

Ein Leben voller Geduld und Zuhören – klingt ein bisschen nach Liebe, der ersten und größten Frucht des Heiligen Geistes.

Vielleicht können wir diese Woche üben, unseren Freunden, Verwandten, Kollegen und Nachbarn geduldig zuzuhören. Einfach Zeit mit ihnen zu »vertrödeln«, ohne vorgefasstes Ziel, ohne Agenda. Vergessen wir die Strategie. Erlauben wir den anderen, die Gespräche zu führen. Und seien wir bereit, einzusteigen, wenn es richtig erscheint. Wenn dieser Zeitpunkt nicht kommt, dann nehmen wir uns einfach etwas zu trinken und genießen das Gespräch als das, was es ist.

Auf den Punkt: Einfach präsent sein

Für die Menschen und bei den Menschen in unserem Umfeld voll und ganz präsent zu sein, könnte der Schlüssel zu allem sein, was in diesem Buch steht – vielleicht sogar zum Leben. Jesus selbst lehrte uns zu beten: »Schenk uns *heute* unser tägliches Brot.«[43] Das Brot für heute, nicht das für morgen. Jesus möchte bei uns sein, für uns sorgen, uns führen – jetzt, in diesem Augenblick. Und er will, dass wir für andere da sind, mit ihnen und mit ihm im Jetzt präsent sind. Das ist mir nicht immer gut gelungen, aber es wird besser, und es verändert die Art und Weise, wie ich meinen Dienst tue, mein Leben lebe, wie ich mich im Geschäftsleben verhalte – alles.

Ich glaube, vieles von dem, was ich in diesem Teil gesagt habe, lässt sich in einem Wort zusammenfassen: *entspannen*.

Als unsere Kinder Teenager waren und noch bei uns zu Hause wohnten, nahmen wir uns bewusst Zeit, regelmäßig abends zur Schlafenszeit zu ihnen ins Zimmer zu kommen, uns neben sie zu legen und uns mit ihnen zu unterhalten. Ohne Plan. An diese Zeiten erinnere ich mich sehr gern. Einige unserer besten und tiefsten Gespräche entwickelten sich bei diesen »Gute-Nacht-Unterhaltungen«. Die Schutzschilde waren heruntergefahren und wir waren entspannt. Auf uns wartete nichts weiter als der Schlaf. Und in diesem Zeitraum konnten wir uns wirklich einander mitteilen und einander zuhören.

Natürlich können wir solche »Gute-Nacht-Unterhaltungen« nur mit unserer Familie haben. Doch was ich damit sagen will, ist Folgendes: So wie meine Kinder sich während dieser planfreien Gespräche entspannten, sind Menschen im Allgemeinen offener für ein

Gespräch, wenn sie glauben, dass sie kein Projekt sind. Menschen können spüren, wenn wir verkrampft sind. Sie bekommen es ziemlich schnell heraus, wenn wir Absichten für sie haben. Natürlich nennen wir es nie »Absicht«, weil das so negativ klingt. Wir sagen einfach, wir haben einen Lebensauftrag, den wir erfüllen müssen, oder ein Ziel. Oder wir gebrauchen sogar das Wort mit »S«: Strategie. Ganz gleich, wie wir es nennen: Menschen nehmen mehr wahr, als wir ihnen zutrauen. Und wenn irgendetwas ein gesundes, lebendiges Gespräch abwürgt, dann ist das eine vorgefasste Agenda.

Es ist Zeit, sich neu über die Art und Weise, wie Jesus gehandelt hat, Gedanken zu machen. Lassen Sie Ihre Strategie los. Entscheiden Sie sich fürs Echtsein. Lassen Sie sich ganz auf das ein, was wirklich passiert. Freuen Sie sich an jedem Menschen, dem Sie begegnen. Und zeigen Sie Ihrem Gegenüber, dass er oder sie Ihnen mehr bedeutet als Ihre Pläne. Man weiß nie, was als Nächstes passieren könnte.

Tiefer graben und diskutieren

1. Denken Sie an einen Menschen in Ihrem Leben, der das »Präsentsein« am besten vorlebt. Wie fühlen Sie sich in seiner Gegenwart? Gibt es etwas Spezielles, wodurch dieser Mensch Ihnen vermittelt, dass Sie ihm wertvoll und in seiner Gegenwart sicher sind?
2. Lesen Sie einige der Bibelstellen, die in diesem Teil erwähnt wurden (1. Mose 16,7-14; Lukas 4,18-27; 10,38-42). Welche Geschichte oder welches Gespräch von Jesus zeigt am deutlichsten sein Präsentsein?
3. Diese Woche war die Aufgabe, im Umgang mit den Menschen in Ihrem Umfeld präsent zu sein. Welche der folgenden Möglichkeiten haben Sie ausprobiert? Wie lief es?

Konzentrieren Sie sich darauf, in den Gesprächen, die Sie führen, präsent zu sein. Machen Sie nicht mehrere Dinge gleichzeitig. Hören Sie zu.

- Seien Sie in Gesprächen Sie selbst. Hören Sie auf, beeindrucken oder dominieren zu wollen.
- Hören Sie auf Gott, während Sie sich mit anderen Menschen unterhalten. Laden Sie ihn in Ihre Begegnungen ein.
- Seien Sie demütig in Ihren Gesprächen, besonders mit Ihrer Familie und anderen Menschen, die Ihnen sehr nahestehen.
- Lassen Sie Ihre Agenda und Strategien los und lassen Sie sich einfach auf das Gespräch ein.

TEIL 3

MUTIG SEIN

Ich habe gelernt, dass Mut nicht das Fehlen von Angst ist,
sondern der Triumph über sie. Ein mutiger Mensch ist nicht einer,
der keine Angst hat, sondern einer, der diese Angst besiegt.

Nelson Mandela

Der Hohe Priester fragte ihn: »Bist du der Christus,
der Sohn Gottes, des Hochgelobten?«
Jesus antwortete: »Ich bin es. Ihr werdet den Menschensohn
zur Rechten Gottes, des Allmächtigen, sitzen und auf den Wolken
des Himmels wiederkommen sehen.«

Markus 14,61-62

Jesus war ein mutiger Mensch. Ich würde sogar behaupten, der mutigste. Voller Mut, ganz anders als irgendjemand sonst in der Menschheitsgeschichte. Es gehörte Mut dazu, den Himmel aufzugeben und auf die Erde zu kommen. Als Säugling geboren zu werden, hilflos und verletzlich. Das Leben zu führen, das er führte, in der

Konfrontation mit religiösem Autoritarismus und brutaler römischer Gewalt. Sich zum Sterben zu entscheiden – und diese Entscheidung durchzuziehen. Und dann, nach all dieser Arbeit, dem Leben und Sterben unter uns, gehörte Mut dazu, wieder zu gehen.

Kommen. Bleiben. Gehen. All das erforderte enormen Mut.

Jesus führte seine Gespräche mutig und unerschrocken. Er wusste, dass seine Worte und Taten ihn das Leben kosten würden, doch er schreckte nicht vor dem Tod zurück.

Wenn also Jesus unser Vorbild ist, müssen wir ihm in unseren alltäglichen Begegnungen mutig und unerschrocken folgen. Risiken eingehen. Fehler machen. Das Falsche sagen, aber dann den Mut haben, zurückzugehen und es noch einmal zu versuchen.

Andernfalls werden wir in langweiligen Belanglosigkeiten stecken bleiben und nie über etwas anderes reden als das Wetter und Sport. Bitte verstehen Sie mich nicht falsch – ich mag eine gute Tornado-Sendung auf dem Wetterkanal, und Sport, aktiv und passiv, ist wahrscheinlich meine liebste Freizeitbeschäftigung. Aber ich möchte nicht dabei stehen bleiben, dass ich über nichts anderes mit Sicherheit und Selbstbewusstsein sprechen kann.

Wenn wir Jesus nachfolgen wollen, müssen wir lernen, auch einmal riskante Themen anzusprechen. Land zu erschließen, das wir bisher noch nie betreten haben. Es erfordert Glauben, ins Unbekannte hinauszugehen, uns auf riskante Gespräche einzulassen, die schieflaufen können (und es manchmal auch tun). Gespräche, die mittendrin unser Herz explodieren lassen. Aus denen wir emotional, mental und geistlich erschöpft herausgehen.

Klingt das gut? Vielleicht denken Sie jetzt: *Nein, tut es nicht. Das klingt schrecklich!* Und vielleicht haben Sie recht. Glaube schreibt man *R-i-s-i-k-o*. Und das Problem an Risiken ist, dass sie riskant sind. Man könnte verletzt werden. Gelegentlich *wird* man wahrscheinlich auch verletzt werden. Schlaflose Nächte verbringen. Nach vielen Jahren Arbeit einer Freundschaft einen Rückschlag versetzen. Verursachen, dass jemand lange Zeit sauer ist, oder schlimmer, dass man diese Person ganz verliert. Das ist möglich.

Aber ohne in Ihren Gesprächen mutig zu sein und ohne die Bereitschaft, Ablehnung oder Leid irgendeiner Art zu riskieren, werden Sie nicht viel zurückbekommen.

Bevor wir weitergehen und uns damit beschäftigen, was es wirklich heißt, in unseren Gesprächen mutig zu sein, möchte ich etwas klarstellen. Auf die harten Aussagen von Jesus hinzuweisen, ist normalerweise nicht mein Ding. Die Westboro Baptist Church*, der Ku-Klux-Klan, die Kreuzritter des Mittelalters und viele andere Personen und Gruppen haben die Worte von Jesus und die Aussagen der Bibel verdreht und damit furchtbare Dinge gerechtfertigt. Über die Jahrhunderte hinweg wurden diese Worte entsetzlich missbraucht, und das tut mir leid.

Jesus zeigt uns nicht, wie wir Menschen »auseinandernehmen« können, wenn uns danach ist. Doch er zeigt uns, wie wir mutig und mit Liebe reden können. Um also Jesus' Vorbild zu folgen und zu vermeiden, dass wir Gottes Wort missbrauchen, sollten wir drei sehr wichtige Methoden zum Verständnis der Heiligen Schrift festhalten:

---

* Eine Vereinigung, die für ihre Hassbotschaften bekannt ist und zu keiner Baptistenvereinigung gehört (Anm. d. Übers.).

1. Wir interpretieren das, was verwirrend sein könnte, im Licht dessen, was klar ist.
2. Wir interpretieren den kleineren Teil der Verse durch die Brille der großen Mehrzahl.
3. Wir beachten den Kontext.

Im Licht dieser drei Methoden kann man Folgendes feststellen:

4. Jesus' Botschaft handelte von Licht, Liebe, Frieden, Freude und Einladung. Er wollte und will auch heute noch, dass alle an ihn glauben und ihm nachfolgen.
5. Die große Mehrheit der Evangelien erzählt davon, wie Jesus leidende Menschen heilte und Menschen befreite – nicht davon, dass er Menschen ausschloss.
6. Der Kontext von Jesus' harten Aussagen zielt fast ausschließlich auf die Machthaber ab, auf diejenigen, die ihre Macht missbrauchten, und auf diejenigen, die das neue Königreich, das Jesus verkündete, verzerrt darstellten oder sich dagegenstellten.

Deswegen kann man durchaus sagen, dass Jesus' harte Aussagen sich in einem sehr konkreten Kontext an eine sehr konkrete kleine Gruppe richteten. Wir sollten uns nie anmaßen, auf diese Weise zu reden, nur weil Jesus es tat. Stattdessen sollten wir das Herz hinter diesen Worten betrachten. Die Motive hinter der Unerschrockenheit. Es ging immer um die Person. Um das, was den Betreffenden aufrütteln, auf Gott hinweisen und in das ungezähmte, wunderschöne Reich Gottes hineinziehen würde. Mut ist kein Mut, wenn unser Ego und unsere Rechthaberei dazwischengeraten. Echter Mut ist kühne Liebe. Echter Mut ist, wie Jesus zu sein.

11 Finden Sie Ihr Gerstenfeld

Die Tiefkühltruhe:	Streiten Sie sich wegen jeder Kleinigkeit.
Der Eisbrecher:	Seien Sie sich bewusst, wann Sie Stellung beziehen müssen.

Jesus legte in seinem Leben enormen Mut an den Tag. Darum sollten wir immer erst auf Jesus' Worte und Handlungen schauen und uns auf sie stützen. Doch wenn es ums Mutigsein geht, sind wir möglicherweise in der Versuchung, zu sagen, dass wir zu klein oder nicht stark oder klug genug sind. Ganz gleich, wie sehr wir Jesus' Menschsein anerkennen – es kann dennoch sein, dass wir seinen Mut als jenseits unserer Möglichkeiten betrachten. Darum möchte ich zuerst einen Blick auf einen ganz normalen Menschen wie Sie und mich werfen.

Wir begegnen diesem Mann in einer kleinen und etwas schleierhaften Geschichte, die schon seit meiner Kindheit zu meinen Lieblingsgeschichten gehört. Er war einer von König Davids sogenannten »drei Helden«. Er war nicht der größte der drei, sondern nur einer von ihnen. Sein Name war Eleasar, der Sohn von Dodo, einem Nachkommen Ahoachs.

Und das ist seine Geschichte:

»Der zweite unter den ›Dreien‹ war Eleasar, der Sohn Dodos, ein Nachkomme Ahoachs. Einmal kämpfte er an Davids Seite in

> der Schlacht gegen die Philister bei Pas-Dammim. Die Schlacht fand auf einem Gerstenfeld statt. Nachdem die Israeliten geflohen waren, behaupteten Eleasar und David ihren Platz mitten auf dem Feld, und es gelang ihnen, die Philister zu schlagen. So schenkte der Herr den Israeliten einen großen Sieg.«[44]

Es geht also, grob gesagt, um Folgendes: David und seine Armee von Israeliten, mit seinen Helden an seiner Seite, kämpften gegen die Philister, mussten von ihnen aber ziemliche Prügel einstecken. Die gesamte Armee trat den Rückzug an – außer Eleasar. Er blieb an König Davids Seite, bezog auf dem Gerstenfeld Stellung, verteidigte seine Position und wendete das Blatt in der Schlacht gegen die Philister.

Diese Geschichte enthält eine schöne Metapher: Das alte Israel war ein sehr fruchtbares Land. Weizen, Trauben, Oliven, Granatäpfel und Feigen wuchsen reichlich in dieser Gegend. Doch wir hören nichts davon, dass Eleasar im Weinberg, im Olivenhain oder im Obstgarten Stellung bezogen hätte. Nein. Er bezog sie zwischen den Gerstenhalmen.

Eleasars Geschichte lehrt uns etwas sehr Wichtiges über das Mutigsein. Mut bedeutet nicht, jede einzelne Schlacht auszutragen, sondern die Weisheit zu besitzen, unsere Gerstenfelder zu finden: Die Orte, wo wir kompromisslos Stellung beziehen.

Jesus hatte einige Gerstenfelder. Doch bevor wir uns diesen widmen, sollten wir zur Kenntnis nehmen, dass es mehrere »Felder« gab, von denen andere meinten, dass er auf ihnen Stellung beziehen sollte.

Die Frau, die beim Ehebruch ertappt wurde, hätte nach dem Gesetz gesteinigt werden sollen.[45] Jesus' Zustimmung hätte sich den Pharisäern zufolge von selbst verstehen sollen. Doch Jesus sah das anders. Das Urteil der Pharisäer war kein Feld, auf dem er Stellung beziehen würde.

An einem Sabbat pflückten Jesus' Nachfolger Ähren und brachen damit das Gesetz.[46] Die Religiösen betrachteten das als eindeutigen Anlass für eine strenge Zurechtweisung. Jesus nicht.

Die faule Maria brauchte sprichwörtlich einen kräftigen Tritt in den Allerwertesten – fand Marta.[47] Jesus nicht.

In keiner dieser Situationen schluckte Jesus den Köder. Er weigerte sich, die Gesprächsposition zu beziehen, die andere von ihm erwarteten. (Was an und für sich schon bedeutete, dass er eine andere Art von Stellung bezog.) Ganz anders bei Petrus.

In der Beziehung zwischen Petrus und Jesus schien es ganz gut zu laufen. Petrus hatte seinen Glauben bewiesen, indem er auf dem Wasser gegangen war, und er war von Jesus für die brillante geistliche Erkenntnis gelobt worden, die Gott selbst ihm offenbart hatte, dass Jesus der Messias ist. Genau genommen plante Jesus deshalb, Petrus die Schlüssel zum Reich Gottes zu geben. Petrus muss sich ziemlich gut gefühlt haben. So gut, dass er Jesus selbstbewusst ermahnte, die Voraussage seines Leidens und Sterbens möge »niemals« eintreten. Schlechte Entscheidung.

»Geh weg von mir, Satan!«, rief Jesus aus. »Du willst mich in die Falle locken. Du siehst die Dinge nur mit den Augen der Menschen und nicht, wie Gott sie sieht.«[48]

Hoppla. Petrus hatte eine Grenze überschritten, war mitten in Jesus' Gerstenfeld getreten – und wurde aufs Schlimmste beschimpft. Von Jesus. Schlechter Tag.

Wie wir also bei Eleasar und Jesus sehen, bedeutet Mut in Gesprächen nicht, dass wir uns auf jedes Thema einlassen müssen. Ich bin beispielsweise hundertprozentig für das Leben und gegen Abtreibung aus jeglichem Grund. Ich bin auch Kriegsgegner und ein Gegner der Todesstrafe. Ich sage gern, dass ich vom Bauch bis zum Sarg für das Leben bin. Guter Spruch, oder?

Doch bei diesen drei Lebensthemen melde ich mich nur bei einem zu Wort. Ich bezweifle, dass Sie je etwas von mir über Abtreibung oder die Todesstrafe gehört oder gelesen haben. Aber ich sage viel über den Krieg. Während unsere Familie im Nahen Osten lebte, war unser Leben direkt vom Krieg betroffen; daher empfinde ich dieses Thema als persönlicher und fühle mich außerordentlich genötigt, mich dazu zu Wort zu melden.

Ein anderes meiner Gerstenfelder in Verbindung mit dem Kriegsthema ist Jesus' Liebe zu Muslimen. Ganz gleich, wie sehr Sie mich unter Druck setzen würden, Sie könnten mich nicht davon überzeugen, dass Jesus gegen Muslime ist oder dass Muslime von Natur aus schlechte Menschen sind. Meiner Erfahrung nach können Muslime, so wie alle anderen Menschen auch, bereitwillig und positiv reagieren, wenn man ihnen von der guten Nachricht erzählt, dass Jesus ihnen am allerdeutlichsten ihren wahren Vater vor Augen führt.

Vor Kurzem machte ich eine Reise nach Somalia. Liebe somalische muslimische Freunde hatten uns eingeladen. Somalia ist gebeutelt von Dürre, Hunger und der bedrohlichen Gegenwart von Al-Shabaab. Es ist kein Land, das viele Menschen besuchen wollen.

Als einige unserer Freunde aus der westlichen Welt und dem Nahen Osten von meiner Entscheidung hörten, kam der Widerstand: »Das ist zu gefährlich!«; »Denen kannst du nicht vertrauen!«; »Das ist unverantwortlich!«; »Das bringt doch eh nichts.« Aber ohne dass sie es ahnten, stand ich auf meinem Gerstenfeld, fest entschlossen, Jesus in eine Situation hineinzufolgen, in der er mich, soweit ich es verstand, haben wollte: in einem Kriegsgebiet unter meinen muslimischen Freunden. Wir wechselten sehr direkte Worte, und mir wurde klar, dass einige der warnenden Stimmen das nie verstehen oder damit einverstanden sein würden. Doch ich bezog in meinen Gesprächen und auch rein physisch Stellung und reiste nach Somalia.

Obwohl meine Reise nach Somalia mich ziemlich mutig aussehen lässt, bin ich doch auch recht oft ein Feigling. Unzählige Male bot sich mir eine deutliche Gelegenheit zu einem guten Gespräch und ich ließ sie ungenutzt vergehen. Manchmal, weil ich zu müde bin. Manchmal, weil ich krank bin. Und manchmal, weil ich von Menschen die Nase voll habe. Das passiert.

Vielleicht lasse ich mich nicht darauf ein, weil ich Kontroversen satthabe und in dem Moment einfach nicht mehr ertragen kann. Es gibt alle möglichen Gründe. Doch wenn das geschieht, stehe ich wieder auf, erinnere mich daran, wo ich nach Gottes Willen Stellung beziehen soll und wo nicht, und bitte ihn um neuen Mut.

Denken Sie diese Woche eine Weile darüber nach, wo Sie am leidenschaftlichsten diskutieren und warum. Versuchen Sie, in zu vielen Bereichen kompetent und streitlustig zu sein? Wofür sind Sie bereit, sich zu Wort zu melden und die Konsequenzen zu tragen? Und wann haben Sie es schon einmal getan, als es unnötig oder unangemessen war? Seien Sie ehrlich zu sich selbst.

12 Seien Sie ein Einzelgänger (wenn nötig)

Die Tiefkühltruhe:	Passen Sie sich immer der Menge an.
Der Eisbrecher:	Gehen Sie Ihren Weg demütig allein.

Jesus war oft allein. Er hatte zwar ein Team und einige sehr enge Freunde, mit denen er viel Zeit verbrachte, doch in den Evangelien treffen wir ihn oft allein an.

Größtenteils würde ich Sie und mich ermutigen, in Gemeinschaft zu leben. Eigentlich immer. Umgeben Sie sich mit guten Menschen, mit denen Sie lernen und wachsen und dienen können. Sie kennen ja vielleicht die alte Redewendung: »Wenn du schnell gehen willst, geh allein. Wenn du weit gehen willst, geh mit anderen zusammen.« Und das stimmt.

Jesus wählte zwölf Männer aus, mit denen er unterwegs war. Er wählte offenbar auch etwa die gleiche Anzahl von Frauen aus, die immer dabei waren und zum großartigen »Team Jesus« gehörten. Damit waren es insgesamt etwa 25 Männer und Frauen. Diese Menschen waren bei ihm und er war bei ihnen. Sie waren voll und ganz füreinander da.

Mit drei von ihnen verbrachte er sogar noch mehr Zeit: mit Petrus, Jakobus und Johannes, seiner kleinen »Schar von Brüdern«. Und unter ihnen hatte er – jedenfalls laut Johannes – einen besten Freund. Ja, richtig geraten: Johannes.

Die Evangelienschreiber erwähnen auch größere Kreise unter den Nachfolgern von Jesus. Es gab die Volksmenge, Tausende Menschen, die genug an Jesus (und seinen Wundern) interessiert waren, um zu riskieren, dass ihnen das Essen ausging, weil sie ihm um den See folgten. Und es gab die 120, die sich nach seiner Kreuzigung als Gemeinschaft zusammenfanden. Wir sehen die 72, die eine besondere Hingabe hatten und von Jesus in die Nachbardörfer geschickt wurden, um den Menschen zu zeigen, wie Jesus' Königreich ist.

Jesus hatte also die Volksmenge, die 120, die 72, die 25, die Zwölf, die Drei und den Einen. So wie die meisten von uns.

Wenn Sie relativ normal mit Ihren Beziehungen umgehen, haben Sie wahrscheinlich sehr viele Bekannte und ungefähr hundert »Freunde« – Menschen, die Sie mit Vor- und Nachnamen kennen und die Sie einigermaßen regelmäßig sehen.

Außerdem haben Sie vielleicht um die 25 Personen, die Sie anrufen würden, wenn Sie Hilfe bei etwas brauchen.

Und zwölf, die Sie zu Ihren echten Freunden zählen würden. Drei, die wirklich enge Freunde sind. Und einen besten Freund oder eine beste Freundin.

Jesus war ziemlich normal mit seinen Freundeskreisen. Er lebte tatsächlich nicht nur unter uns, sondern wie wir! Und er erkannte, dass er Freunde brauchte. Gemeinschaft. Menschen, mit denen er seine Höhen und Tiefen teilen konnte. Meinen Sie, dass er nur entmutigt *tat*, als er vom Beten zurückkam und feststellte, dass seine drei besten Freunde in der absolut schrecklichsten Nacht seines Lebens fest schliefen? Ganz bestimmt nicht! Er war völlig deprimiert. Und er sagte es ihnen!

Jesus hatte echte Freunde, echte Feinde und echte Gespräche. Einige dieser Gespräche liefen gut und andere ... weniger gut. Aber er führte sein Leben inmitten einer Gemeinschaft.

Dennoch stand er manchmal allein da. Ganz allein. Er sagte Dinge, die andere verprellten, und traf Entscheidungen, die niemand sonst verstand und mit denen niemand sonst einverstanden war.

Recht früh in seinem Dienst waren Jesus und seine neuen Jünger in Kapernaum. Er hatte sich gerade bei Petrus beliebt gemacht, indem er die Schwiegermutter des Fischers geheilt hatte. Kranke wurden geheilt und Besessene befreit.[49] Im Markusevangelium heißt es: »Vor dem Haus versammelte sich eine große Menschenmenge.«[50] Nach allem, was man so lesen kann, war es ein fantastischer Abend.

Doch früh am nächsten Morgen schlich sich Jesus davon, um Zeit allein zum Beten zu haben. Wenn ich einmal etwas in seine Motive hineininterpretieren darf, würde ich sagen, dass er begriff, welche Versuchung es ist, sich von der Masse mitreißen zu lassen. Heute fortzusetzen, was für gestern richtig war. Also zog er sich zurück, um die richtige Perspektive zu gewinnen. Um sich mit seinem Vater zu unterhalten.

Der einsame Rückzug wurde von Petrus und seinen Freunden abgekürzt. Sie folgten ihm und riefen mehr oder weniger aus: »Was in aller Welt tust du? Alle suchen dich! Du solltest zurückkommen und weiter Wunder tun, so wie gestern!«[51]

Doch Jesus traf eine andere Entscheidung. Die Zeit allein gab ihm die Einsicht und den Mut, sich abzugrenzen, mit Distanz selbst von seinen besten Freunden. So konnte er riskieren, missverstanden zu werden, um sich für das zu entscheiden, was er für richtig und für das Beste hielt. Sie standen auf und gingen fort.

Jesus hatte viele Braveheart-Momente. Es gibt auch andere in der Bibel, die den Mut zu einem Alleingang hatten, wenn es nötig war. Maria. Paulus. Petrus. David. Rahab. Josua. Viele entschieden sich für den einsamen Weg.

Das Schwierige daran ist die Frage: Woher weiß man, wann man seinen Überzeugungen folgen muss, mit denen sonst niemand einverstanden ist, und wann man auf seine Freunde hören und bereit sein muss, seine Überzeugungen zu opfern?

Eine schwere Entscheidung, die bei mir allzu oft nicht richtig ausgefallen ist. Ich habe dem Druck von außen nachgegeben, obwohl ich hätte standhaft bleiben sollen, auch allein. Und ich habe auf meinem Standpunkt beharrt, wenn ich hätte auf andere hören sollen.

Bisher habe ich Folgendes gelernt, das vielleicht eine hilfreiche Faustregel sein kann: In der großen Mehrzahl der Fälle ist es weise, auf den Rat von Ehepartner, Familie und engen, vertrauten Freunden zu hören und ihn zu befolgen. Hören Sie auf die Menschen, die sich fest entschieden haben, mit Ihnen zu gehen und hinter Ihnen zu stehen, was auch geschieht – die Menschen, die Ihnen schon oft weisen Rat gegeben haben. Und in den seltenen Fällen, wenn Sie einfach wissen, dass Sie aufstehen und etwas zu jemandem sagen oder etwas tun müssen, das nicht gut ankommen wird, tun Sie es. Falls sich herausstellt, dass Sie falsch lagen, geben Sie es zu und gehen Sie weiter.

Zurück zu meiner Somalia-Reise. Es war der Abend vor unserem Abflug. Meine Begleiter und ich entspannten uns vor unserer großen Reise, als wir hörten, dass der Anführer der Region, deren Luftraum wir durchqueren mussten, gedroht hatte, unser Flugzeug abzuschießen, sobald wir auftauchten. Zuerst dachten wir, dass er nur bluffen würde, doch anhand von Recherchen fanden wir heraus, dass er es nicht nur ernst meinte, sondern auch die Möglichkeiten hatte, seine Drohung in die Tat umzusetzen. Wir redeten. Wir beteten. Wir rangen die Hände. Wir hatten uns gut überlegt, was eine Reise nach Somalia bedeuten würde, doch diesen Fall hatten wir nicht in unsere Gleichung einbezogen. Am Ende des Abends beschlossen meine Freunde, einschließlich des Piloten, dass es zu riskant war.

Ich mag Todesdrohungen nicht besonders. Obwohl ich mich wirklich darauf freue, Jesus von Angesicht zu Angesicht zu treffen, mag ich mein Leben. Ich bin noch nicht ganz bereit, es hinter mir zu lassen. Aber ich wusste, dass ich gehen musste. Ich spürte, dass Gott mir ungewöhnlich deutlich sagte, ich solle nach Somalia gehen. Also teilte ich den anderen mit, dass ich notfalls allein gehen würde.

Um es kurz zu machen: Wir gingen alle. Und wir wurden nicht abgeschossen. Es stellte sich heraus, dass die Drohung dieses benachbarten Machthabers entscheidend dafür war, dass wir uns am Ende sogar mit ihm trafen und seinen Segen bekamen, den Menschen in Somalia zu helfen. Glücklicherweise wurde also alles gut. Aber es hätte auch anders kommen können. Das war das Risiko, das ich einging, als ich allein Stellung bezog.

Wenn Sie meinen, eine riskante Entscheidung treffen oder jemanden mit etwas konfrontieren oder etwas Schwieriges sagen zu müssen, besprechen Sie die Sache mit Ihrem Ehepartner oder einigen Menschen, die Sie gut kennen. Hören Sie gut zu, was sie zu sagen haben. Aber am Ende liegt die Entscheidung bei Ihnen.

Denken Sie diese Woche darüber nach, wie Sie heraustreten und mutig sein und vielleicht gegen den Strom schwimmen könnten. Vielleicht geht es darum, einen Nachbarn zum Essen einzuladen, mit einem Ihrer Kinder über etwas zu sprechen, das nicht in Ordnung ist, oder mit einer Kollegin zu reden, die erfahren muss, dass sie Ihnen wichtig genug ist, um ihr von Ihrem Glauben zu erzählen. Gehen Sie ein Gesprächsrisiko ein. Treten Sie hinaus. Vielleicht werden Sie sich allein fühlen und vielleicht werden Sie tatsächlich allein sein. Doch das ist in Ordnung, weil Sie jemanden haben, der bei Ihnen ist. Wenn es nicht so läuft, wie es in Ihren Augen laufen sollte, dann seien Sie demütig. Vertrauen Sie darauf, dass Gott erreicht, was er will, trotz Ihrer Fehler und Unzulänglichkeiten.

13 Sagen Sie etwas Verrücktes

Die Tiefkühltruhe:	Achten Sie sorgfältig auf Ihren Ruf.
Der Eisbrecher:	Riskieren Sie es, dumm dazustehen.

Jesus schien es nichts auszumachen, dumm dazustehen. Was meinen Sie, was seine Nachbarn, Verwandten und Freunde von ihm dachten, wenn er bestimmte Dinge sagte und tat? Sicher gab es jede Menge gerunzelte Stirnen, Seitenblicke und Getuschel hinter seinem Rücken. Immerhin sagte er seinen engsten Nachfolgern, sie müssten sein Fleisch essen und sein Blut trinken. Keine Überraschung also, dass sie etwas panisch reagierten.

Und dann war da die Sache, als er dem Blinden Lehm auf die Augen strich.[52] Er hatte doch früher schon Blinde geheilt – ohne Lehm. »Komm schon, Jesus. Ist das wirklich nötig? Das ist doch ein bisschen dramatisch, meinst du nicht?« Oder als er den Juden sagte, sie sollten diesen Tempel zerstören, und er würde ihn in drei Tagen wieder aufbauen. Was? Der Tempel, an den sie dachten, war in 46 Jahren erbaut worden![53] Erst später verstanden sie es. Doch Jesus schien dieser vorübergehende Knick in seinem guten Ruf nicht zu stören.

Ich bin mir auch ziemlich sicher, dass niemand es als weise und heldenhafte Tat betrachtete, als Jesus die religiösen Gauner aus dem Tempel trieb. Die religiösen Oberen wurden generell von der Gesellschaft in hohen Ehren gehalten. Wahrscheinlich sahen sich die Leute an, verdrehten die Augen und sagten: »Jetzt ist er durchgeknallt.«

Immer wieder war Jesus bereit, um der höheren Berufung und des Plans willen, den nur er ganz verstand, töricht zu wirken. Kurz gesagt: Es war ihm wichtiger, seinem Vater zu gehorchen und den Menschen, die vor ihm standen, seine Liebe zu schenken, als vor den Leuten gut dazustehen.

Jesus war nicht der Einzige in der langen Reihe von biblischen »Glaubenshelden«, der bereit war, für ein größeres Ziel, das erst noch offenbart werden musste, töricht zu wirken. Mose sagte zum Pharao: »Lass mein Volk ziehen.«[54] Rut blieb bei Noomi und sagte: »Dein Volk ist mein Volk und dein Gott ist mein Gott.«[55] Hosea machte der Prostituierten Gomer einen Heiratsantrag.[56]

Ich könnte noch viel mehr biblische Beispiele aufzählen. Die Liste derer, die schon vor Ihnen und mir »dumm dastanden«, macht mir viel Mut. Und ich bin gern bereit, ihrem Vorbild zu folgen.

Bei der Reise nach Somalia zum Beispiel. Niederschmetternd ist gar kein Wort für das, was wir dort sahen. Menschen, Vieh, Nutzpflanzen – so viel Tod und Sterben aufgrund von Krieg, Armut und Dürre. Zur Zeit unseres Besuchs war es 13 Monate her, dass der letzte Tropfen Regen gefallen war. Aus meinem Herzen stieg die Frage auf: »Gott, können wir hier überhaupt irgendwie helfen? Irgendwie?«

Mein Freund Ali hatte offenbar eine Idee. Eines Nachmittags, umgeben von um die tausend Menschen aus der Gegend, die auf der Suche nach Wasser zum Brunnen gekommen waren, verkündete er stolz: »Scheich Carl wird jetzt um Regen beten!«

Ich schaute Ali mit einem – ja, man kann es so nennen! – vernichtenden Blick an. Was dachte er sich nur?

Natürlich liebe ich eine Kraftvolles-Gebet-Wunder-Geschichte genauso wie jeder andere, aber so hatte ich mir das nicht vorgestellt. Ich war aufgewühlt und versuchte, die Verwüstung vor meinen Augen mit meinem Verständnis eines liebenden und mächtigen Gottes zu vereinbaren. Ich verspürte keine Glaubenswoge und keine »absolute Gewissheit«, dass Gott antworten würde. Mir war heiß. Ich war müde. Und ehrlich gesagt war ich ein bisschen sauer, dass Ali mich so in Zugzwang gebracht hatte.

Und so stand ich da, 2 000 Augen auf mich gerichtet, und fühlte mich ein bisschen glaubenslos. Doch Ali hatte Glauben. So viel Glauben, dass er seinen Ruf als regionaler Anführer riskierte, indem er diesen weißen amerikanischen Jesusnachfolger einlud, für ein Wunder zu beten. Wie konnte ich da Nein sagen?

Ich bin dankbar, dass ich in jenem Augenblick von etwas Größerem motiviert war als der Angst, wie ich aussehen würde, wenn ich betete und nichts geschah. Die Menschen vor mir litten. Und sie hatten mich eingeladen, für sie vor Gott zu treten und um Regen zu bitten. Was hatte ich zu verlieren, das wirklich wichtig war? Nichts.

Also entschied ich mich, dumm auszusehen. Ich betete im Namen von Jesus um Regen. Ali dolmetschte. Es war nicht dramatisch und ich verspürte keine Inspiration, aber ich war ehrlich. Und als ich das Gebet beendete, beugte sich Ali zu mir herüber und sagte: »Keine Sorge, Carl. Ich glaube.«

Am nächsten Tag regnete es. Nach 13 Monaten Dürre. Und diejenigen, die von meinem Gebet wussten, sahen es als Handeln Gottes an. Ziemlich beeindruckend, oder?

Natürlich läuft es nicht immer so. Man würde ja nicht riskieren, dumm dazustehen, wenn man nicht manchmal auch tatsächlich dumm dastehen würde.

Einige Wochen nach dem Regen in Somalia saß ich mit zwei Geschäftsleuten zusammen. Wir sprachen über das Leben, die Politik, die Wirtschaft und – Jesus. Ich brachte ihn geschmeidig ins Gespräch (wie ich das immer tue), indem ich etwas Supercleveres sagte wie: »Wisst ihr, das erinnert mich an etwas, das Jesus einmal gesagt hat.« Und peng – das Gespräch war vorbei. Es wurde frostig kalt, so als hätte uns jemand einen Eimer Eis über den Kopf und auf den Tisch gekippt, an dem wir gerade zu Mittag aßen. Das Gespräch wurde befangen und erholte sich nicht mehr.

Wir reden hier nicht von Magie. Wir haben keinen Zauberstab, sagen »Abrakadabra« und – voilà! – führen wir ein fantastisches Gespräch über Jesus, und Gott lässt es regnen, und jemand wird geheilt, und aus Krieg wird Frieden. Genau genommen funktioniert diese Sache mit dem »töricht Dastehen« überhaupt nicht. Jesus schafft es immer, aber ich manchmal nicht.

Und das ist in Ordnung. Wir stehen auf und machen weiter.

Seien wir mal ganz ehrlich. Manchmal reden wir nicht mit Menschen, bringen Jesus nicht zur Sprache, haben keine tief gehenden Gespräche und beten nicht, wenn wir sollten, weil wir Angst haben, dumm dazustehen oder uns unbehaglich zu fühlen. Immerhin kann es ja sein, dass Menschen nicht gern gefragt werden, wo sie in den Gottesdienst gehen, ob sie irgendeine Art von Glauben haben, ob sie an Gott glauben oder ob es ihrer Mutter, für die sie letzte Woche gebetet haben, tatsächlich besser geht (denn was passiert, wenn nicht?). Stimmt's?

Doch in unseren alltäglichen Begegnungen »töricht« für Jesus zu sein, kann nachhaltigen Einfluss darauf haben, wie diese Begegnungen verlaufen. Wir alle müssen in jedem Gespräch unzählige Entscheidungen treffen. Was, wenn wir das »Was, wenn?« umdrehen? Was, wenn Sie, statt dumm dazustehen, zusehen dürfen, wie Ihr Gegenüber eine eindrückliche Begegnung mit Gott hat? Was, wenn Ihr Gegenüber letzte Nacht einen Traum über Jesus hatte und der Umstand, dass Sie ihn in Ihrer Unterhaltung »zufällig« zur Sprache bringen, ihn dazu treibt, nach Gott zu suchen? Was, wenn Ihre neue Bekannte sich nach jemandem sehnt, der sie zu etwas Tieferem und Bedeutsamerem einlädt als das, was sie schon kennt? Was, wenn Sie dumm dastehen? Ach, kommen Sie schon – wen interessiert's? Denn was ist, wenn wir im Leben eines Menschen ein Kanal für Gottes Liebe sein können? Wenn Sie mich fragen: Das Risiko lohnt sich.

Entscheiden Sie sich diese Woche für das Risiko, dumm dazustehen. Sich mehr für andere Menschen zu interessieren als dafür, wie Sie selbst wahrgenommen werden. Fragen zu stellen, um vielleicht tiefer vorzudringen. Über Jesus zu sprechen. Bitten Sie Jesus, dass er Sie dazu befreit, um anderer Menschen willen die beste Version von sich selbst zu sein, auch wenn das bedeutet, um seinetwillen dumm dazustehen.

14 Seien Sie voller Gnade (und Wahrheit)

Die Tiefkühltruhe:	Vermeiden Sie Konflikte um jeden Preis.
Der Eisbrecher:	Sagen Sie einem Freund oder einer Freundin etwas, das hart, aber notwendig ist.

In den Evangelien lesen wir an mehreren Stellen, dass Jesus sich aus schwierigen oder unangenehmen Situationen zurückzog und Konflikte vermied. Er sagte Sätze wie: »Meine Zeit ist noch nicht gekommen«[57], und ging seiner Wege. Doch es gibt viel mehr Begebenheiten, bei denen er sich mitten in schwierige Gespräche hineinstürzte.

Ein solches (extremes) Beispiel ist die Geschichte über die Ehebrecherin, die ich bereits erwähnt habe. Die religiösen Oberen hatten die Frau beim Ehebruch ertappt, worauf als Strafe Tod durch Steinigung stand. Sie erwarteten von Jesus, dass er sich auf ihre Seite stellen würde, doch Jesus weigerte sich. Stattdessen brachte er die ganze Sache mit folgenden Worten zu einem raschen Ende: »Wer von euch ohne Sünde ist, der soll den ersten Stein auf sie werfen.«[58] Nachdem sich die Volksmenge verlaufen hatte, wandte sich Jesus an die schuldige Frau und fragte: »Wo sind sie? Hat dich keiner von ihnen verurteilt?« Sie antwortete: »Niemand, Herr.« Darauf entgegnete Jesus etwas Ungeheuerliches: »Dann verurteile ich dich auch nicht. Geh und sündige nicht mehr.«[59] Er ließ sie frei, sowohl mit einer Begnadigung als auch mit einer Warnung, ihr destruktives Verhalten aufzugeben. Der Ankläger unserer Seele ist der Satan, nicht Jesus. Das »Geh und sündige nicht mehr« unseres Herrn bringt Freiheit. Die Frau war frei. Buchstäblich. Emotional. Geistlich.

Doch die Pharisäer ließen es nicht dabei bewenden. (Religiöse Hardliner müssen offenbar immer die Grenzen austesten.) Sobald die Frau gegangen war, waren sie wieder da und stritten mit Jesus darüber, wer recht hat und wer nicht. Sie stichelten ziemlich herum, und er knallte ihnen ein paar echt harte Dinge vor den Kopf.

Als die Pharisäer ihn fragten: »Wo ist dein Vater?«, erwiderte Jesus: »Ihr kennt weder mich noch meinen Vater.«[60] Später ergänzte er: »(Ihr) werdet in euren Sünden sterben; wohin ich gehe, könnt ihr nicht hinkommen.«[61] Autsch. Gar nicht nett.

Die Pharisäer spielten daraufhin die »Vater Abraham«-Karte. Es war der ganze Stolz eines jeden Juden, ein körperliches und geistliches Geburtsrecht, dass Abraham ihr Vater war.

Doch Jesus ließ ihnen nicht einmal das. Er sagte etwas, das mit Sicherheit das Fass zum Überlaufen brachte: »Wenn ihr Kinder Abrahams wärt, würdet ihr nach seinem Vorbild handeln ... aber ihr versucht, mich zu töten.«[62]

Er sagte ihnen, dass sie in Wirklichkeit keine Söhne Abrahams waren, und zerrte ihre geheime Absicht, Jesus zu töten, ans Tageslicht. Das packte sie bei ihrer Ehre. Sie riefen aus: »Wir jedenfalls sind nicht unehelich geboren! Unser einziger Vater ist Gott.«[63]

Jetzt geht's los! Doch Jesus hatte wohl genug: »Warum versteht ihr nicht, was ich sage? Weil ihr gar nicht fähig seid, mein Wort zu hören. Ihr habt den Teufel zum Vater: Ihr tut mit Vorliebe die bösen Dinge, die er tut.«[64]

Die Pharisäer reagierten wie wütende Zehnjährige und antworteten in etwa: »Du auch, und noch mehr als wir!« Wörtlich sagten sie: »Du samaritanischer Teufel! Haben wir nicht immer gesagt, dass du von einem Dämon besessen bist?«[65] Ganz wie in der Unterstufe.

So ging es noch ein paar Mal hin und her, bis Jesus schließlich die Bombe platzen ließ: »Ich versichere euch: Ich war schon da, bevor Abraham auch nur geboren wurde!«[66] Die Juden hoben Steine auf und versuchten, ihn zu töten. Höchstwahrscheinlich, weil sie die Diskussion, die sich nicht zu ihren Gunsten entwickelte, leid waren, und teilweise auch, weil er gerade mit seinem »Ich bin« Göttlichkeit beansprucht hatte. Immerhin ist »Ich bin« der Name, den Gott sich im Alten Testament gegeben hat.

Wann haben Sie das letzte Mal so mit jemandem geredet? Apropos: Ich möchte hier keinen ermutigen, herumzulaufen und religiösen Leitern zu sagen, dass sie dem Teufel gehören. Das wird nicht gut gehen, und es ist auch nicht das, was Jesus uns aufgetragen hat. Ich bin mir ziemlich sicher, dass wir im Zweifelsfall immer eher Liebe walten lassen sollten. Die großen Gebote sagen genau das.[67] Für mich ist dies einfach ein Beispiel für ein schwieriges Gespräch. Wir denken leicht, dass Jesus nur voller Gnade war, doch in Wirklichkeit war er sowohl voller Gnade als auch voller Wahrheit.

Chris und ich diskutieren oft über Situationen, die wir mit Menschen erleben, und darüber, wie weit wir uns auf der Seite der Gnade oder der Wahrheit bewegen sollten. Sie ist eher diejenige, die die Wahrheit sagt. Ich bin mehr derjenige, der Gnade walten lässt. Ohne das jeweils andere entspricht keines von beidem Jesus, der voller Gnade *und* Wahrheit ist.

Er bot der Frau, die beim Ehebruch ertappt worden war, nahezu undenkbare Gnade an, und dann zückte er den Vorschlaghammer der Wahrheit, als die Pharisäer ihn verhörten. Lassen Sie mal die Ironie sacken, bevor wir weitergehen: Für die eindeutig sündige Frau gibt es Gnade im Überfluss; den geachteten Anführern seines eigenen Volkes und seiner eigenen Tradition wird mit kräftigem Nachdruck die Wahrheit gesagt.

In der Zeit, die wir jedes Jahr in Dubai verbringen, spielen Chris und ich seit einigen Jahren Golf. Und mit »spielen« meine ich, wir versuchen es. Wir sind wirklich schlecht. Also engagierten wir einen Trainer (ich glaube, *Golfprofi* ist der korrekte Ausdruck): Jack aus Australien. Jack ist wirklich gut. Er schlägt mit seinem Neuner-Eisen besser als ich mit meinem Driver.

Als Jack Chris und mich trainierte, unterhielten wir uns auch mit ihm. Er verstand nicht, was genau meine Arbeit ist, aber er wusste, dass es etwas damit zu tun hat, Jesus nachzufolgen. Jack sagte in etwa: »Ich bin Atheist. Okay, vielleicht kein Atheist, aber ich glaube definitiv nicht an einen Gott, der Kinder in Afrika sterben und ganze Dörfer von Stürmen ausradieren lässt.«

Chris und ich nahmen zehn einstündige Trainingseinheiten bei Jack und verbrachten jede Woche noch zusätzlich Zeit mit ihm auf dem Übungsplatz.

Wenn man so viel Zeit miteinander verbringt, werden die Gespräche immer tiefgründiger. Tatsächlich verbrachten wir bald mehr Zeit mit Gesprächen über Jesus und unsere Lebensgeschichten als über Golf. Jack war fasziniert. »Offen« wäre zu viel gesagt, aber er war definitiv interessiert – er hatte viele Fragen und keine allzu große Abwehrhaltung.

Wenn ich es mit angemessener Demut selbst sagen darf, bin ich ziemlich gut in diesen Jesus-Gesprächen. Ist ja irgendwie mein Beruf. Aber nach ungefähr zwanzig Stunden zusammen hatte Jack sich noch keinen Zentimeter bewegt. Wir genossen unsere gemeinsame Zeit sehr und wurden gute Freunde, aber er begriff einfach nicht das Wichtigste: »Jesus ist großartig, er ist wirklich da und liebt dich«.

In unserer letzten Woche in Dubai, bevor wir für den Sommer nach Colorado zurückkehrten, gingen wir wieder golfen. Unsere Tochter Anna war gerade aus dem Libanon zu Besuch und sie begleitete uns zum Golfspielen mit Jack. Während des Spiels meinte Anna: »Hey, Sie sollten irgendwann mal am Wochenende mit Ihrer Frau in die Gemeinde meiner Eltern gehen.«

Bevor ich weitererzähle, möchte ich etwas anmerken: Üblicherweise ist es nicht mein erster Zug, Menschen wie Jack in die Gemeinde einzuladen. Das kommt normalerweise etwas später, nachdem wir uns ein paar Mal getroffen haben, vielleicht auch mal in der Bibel gelesen und einige gute, tiefe, offene Gespräche geführt haben. In der Regel empfehle ich nicht, ein Gespräch mit dem Satz »Sie sollten mal in die Kirche gehen« zu eröffnen, wenn das Gegenüber nicht an einen Gott glauben kann, »der Menschen in die Hölle schickt und Babys an Aids sterben lässt«.

Aber Anna machte den Vorschlag. Er war heraus. Und Mannomann, Jack reagierte! Er schaute mich an, als hätte ich diesen Vorschlag gemacht, und sagte: »Carl, die Wahrscheinlichkeit, dass ich einen Fuß in eine Kirche setze, ist genauso groß wie die, dass ich ohne Fallschirm aus einem Flugzeug springe.«

Tja ... das war ziemlich eindeutig.

Doch da riss mir irgendwie der Geduldsfaden. Ich will es nicht mal Gott in die Schuhe schieben, als hätte er mich dazu gebracht, das zu sagen, aber ich antwortete: »Jack, weißt du, was dein Problem ist?«

»Was?« Er wirkte verängstigt, als er meinen Gesichtsausdruck sah.

»Du hast keinen Mumm. Du hast Angst – wovor eigentlich? Hast du Angst, dass der Gott, der nicht existiert, dich erwischt, wenn du in die Kirche gehst? Oder hat man dich gerade kastriert? Komm schon, Kumpel. Sei ein Mann. Du kannst nicht in die Kirche gehen? Was kann denn schlimmstenfalls passieren? Es wird dich eineinhalb Stunden deiner Woche kosten – mehr nicht. Ich kann auch mitkommen und dir die Hand halten, wenn du Angst hast. Aber okay. Ich bezweifle, dass du es wirklich machst. Vergiss es.«

Das waren ziemlich genau meine Worte. Ich hatte nie zuvor etwas Ähnliches zu jemandem gesagt und wahrscheinlich werde ich es auch nie wieder tun.

Jack war schockiert. Er schaute mich mit offenem Mund und riesengroßen Augen an. Und nach peinlichen fünf Sekunden Stille sagte er: »Okay, okay! Ich komme mit. Meine Güte, ganz ruhig, Mann. Ich komme ja. Ich habe keine Angst. Ich komme mit.«

Und damit war die Sache erledigt. Er kam mit seiner Frau und seinen Kindern in unsere Gemeinde. Seine Geschichte nimmt noch ihren Lauf, während ich dieses Buch schreibe. Sie geht noch weiter, in diesem Moment, in Echtzeit.

Ich habe den Kerl zusammengestaucht und er ist in die Gemeinde gekommen. Was lernen wir daraus? Um ehrlich zu sein, vielleicht nicht viel. Es ist keine neue Evangelisationsform. Bitte,

bitte treiben Sie es nicht zu weit! Sagen Sie Ihrem Pastor nicht, dass dieser Medearis findet, man sollte Leute anbrüllen, um sie in die Gemeinde zu bekommen. Nein! Es ist einfach eine Geschichte, um etwas klarzumachen:

Manchmal muss man schwierige Gespräche führen.

Der Ehrlichkeit halber muss ich gestehen, dass ich oft den Schwanz einziehe, wenn ich hart sein sollte. Ich gebe der Gnade die Schuld daran. Dem Freundlichsein. Ich möchte Menschen *einladen* und nicht beleidigen. Ich habe einen guten Teil meines Lebens auf den Versuch verwendet, Menschen zu helfen, Jesus zu sehen, obwohl sie ihn nicht sehen wollten. Meistens muss ich dabei nett zu Menschen sein und darf mich nicht in den Prediger verwandeln, der in ein Megafon schreit. Aber ab und zu – vielleicht in fünf Prozent aller Situationen – ist es richtig, hart zu sein ... hammerhart. Das kommt ab und zu als gemein rüber (ich schätze, die Pharisäer hielten Jesus für gemein), und die andere Person reagiert oft nicht gut darauf, aber man muss es trotzdem tun.

Hier sind meine drei Tipps, wann man alle Register ziehen und ein echt hartes Gespräch führen kann:

1. Sie haben einen gewissen Stellenwert im Leben des anderen Menschen. Idealerweise sollte der andere Ihnen bereits die Erlaubnis gegeben haben, solch ein schwieriges Gespräch mit ihm zu führen. Vielleicht sind Sie in irgendeiner Form ein Leiter für den anderen, ein vertrauter Freund oder Sie haben sich mit der Zeit in Ihrer Beziehung eine gewisse Glaubwürdigkeit verdient, so wie es bei Chris und mir mit Jack war.
2. Führen Sie das Gespräch in einer Weise und in einem Augenblick, wenn Sie den Eindruck haben, dass der andere hören

kann, was Sie zu sagen haben. Tun Sie es nicht, wenn Sie ärgerlich sind oder es dem anderen gerade nicht gut geht.

3. Führen Sie das Gespräch nur mit einer Absicht: Liebe. Nicht, um den anderen »zurechtzurücken« oder ihm zu zeigen, wo der Hammer hängt. Es muss mit dem Herzen von Jesus geschehen.

Wenn Sie diese drei Dinge nicht haben, dann führen Sie das Gespräch nicht! Wenn Sie sie aber haben, dann nur zu! Es hilft, wenn Sie vorher, währenddessen und danach viel beten.

Konzentrieren Sie sich diese Woche darauf, in Ihren Gesprächen mit anderen sowohl Wahrheit als auch Gnade zum Zug kommen zu lassen. Sagen Sie, wenn nötig, deutlich und direkt die Wahrheit, aber »würzen« Sie das Gespräch mit viel Gnade. Nehmen Sie dieses Kapitel nicht als Ausrede dafür, einfach jemanden anzufahren, auf den Sie wütend sind. Wenn Sie sich nicht über Ihre Motive im Klaren sind, fragen Sie Ihren Ehepartner oder einen sehr engen Freund, bevor Sie sich in ein solches Gespräch stürzen.

Jesus war voller Gnade und Wahrheit, doch viele von uns neigen entweder zu dem einen oder zu dem anderen. Seien Sie sich Ihrer Tendenz bewusst. Und seien Sie mutig, wenn der richtige Moment gekommen ist – mit Wahrheit und Gnade.

15 Geben Sie die Kontrolle ab

Die Tiefkühltruhe:	Erklären Sie sich bis zum Abwinken.
Der Eisbrecher:	Lassen Sie los und genießen Sie die Reise.

Jesus überließ die Ergebnisse seiner Arbeit vertrauensvoll Gott. Einmal sagte er von sich: »Der Sohn kann nichts aus sich heraus tun. Er tut nur, was er den Vater tun sieht.«[68] Jesus war demütig, voller Vertrauen und absolut sicher. Und er war vollkommen abhängig von Gott.

Es gibt etwas, das ich ganz besonders an der Art und Weise liebe, wie Jesus arbeitete. Manchmal sagte er etwas, das nahezu alle verwirrte oder vor den Kopf stieß, und dann sprach er einfach weiter. Er verteidigte seine ungeheuerlichen Sätze nicht. Keine Entschuldigungen. Keine ausführlichen Erklärungen. Nur ein einfaches: »Ja, genau das habe ich gesagt.«

Jesus tat das ständig. Er machte sich keine Sorgen um die Ergebnisse. Er unternahm keine Anstrengungen, damit die Menschen mit ihm zurechtkamen, und er versuchte auch nicht, die Menschen davon zu überzeugen, dass das, was er sagte, die Wahrheit war. Er war einfach klar und treu und überließ die Ergebnisse seinem Vater.

»Folge mir nach«, sagte Jesus zu einem jungen Mann. »Herr, erlaube mir, vorher hinzugehen und meinen Vater zu begraben«, erwiderte dieser. »Lass die Toten ihre Toten begraben, du aber geh hin und verkündige das Reich Gottes«, antwortete Jesus.[69]

»Ich bin Fischer von Beruf!«, sagte Petrus. »Ich will euch zeigen, wie man Menschen fischt«, sagte Jesus.[70]

Jesus sagte den Menschen, die er heilte, sie sollten niemandem davon erzählen.[71]

Er sprach zu Dämonen und schickte sie in eine Schweineherde, die sich von einer Klippe stürzte und ertrank.[72] Dann ging er weiter.

Als Jesus' Mutter und Geschwister kamen, um ihn zu sehen, fragte er: »Wer ist meine Mutter? Und wer sind meine Brüder?«, und dann deutete er auf seine Nachfolger und sagte: »Diese Leute sind meine Mutter und meine Brüder.«[73]

Es wäre eine amüsante Übung, einmal alle empörenden, lustigen und sarkastischen Dinge aufzulisten, die Jesus ohne Erklärung sagte. Wir würden sicher hundert oder mehr davon in den Evangelien finden.

Nur ein sicherer Mensch kann tun, was Jesus tat. Ich weiß, dass ich zu viel erkläre, wenn ich unsicher bin. Ich verteidige. Ich trete und kämpfe und werde wütend und versuche, andere dumm und mich selbst schlau aussehen zu lassen.

Ich kann nur dann sprechen und die Ergebnisse Gott überlassen, wenn ich weiß, dass die ganze Welt in seinen Händen liegt, nicht in meinen. Ich bin nicht derjenige, der die Kontrolle hat.

Wenn wir voll und ganz auf die Souveränität eines großen und liebenden Gottes vertrauen, der das Universum durch seinen Atem zusammenhält, können wir uns entspannen.

In jedem 24-Stunden-Abschnitt nehme ich mir etwa acht Stunden frei. Voll und ganz. Keine Arbeit. Kein Denken oder Planen oder Strategienschmieden. Keine Sitzungen, kein Schreiben, kein Sprechen, kein Helfen, kein Dienen. Kein gar nichts. Und wissen Sie was? Jeden Tag wache ich auf, und es ist nicht nur Gottes Barmherzigkeit jeden Morgen neu, auch die Welt ist nicht zusammengebrochen. Es gibt immer noch Luft zum Atmen und Wasser zu trinken und einen Boden, auf den ich meine Füße setzen kann, wenn ich mich aus dem Bett wälze. Gott hat es im Griff. Er hat uns erschaffen und erhält uns. Er hält alles zusammen.

Ich staune immer wieder, mit welchen Begründungen Menschen wichtige Gespräche nicht führen. Sie halten sich zurück, weil sie Angst haben, missverstanden zu werden, oder weil sie denken, sie wissen nicht genug, um anderen von Jesus zu erzählen. Das ist aber nur verkappter Stolz.

Wenn Sie das tun, schätzen Sie den Anteil, den Sie daran haben, andere von Jesus zu überzeugen, zu hoch ein. Sie trauen Gott zu wenig zu und vertrauen nicht darauf, dass er Sie genau so gebraucht, wie Sie sind, mit den Worten, die eben aus Ihrem Mund kommen.

Die beste Möglichkeit, Stolz und Unsicherheit zu überwinden, besteht darin, uns zu erlauben, von Liebe und Mitgefühl bewegt zu sein, so wie Jesus es war. Uns auf unser Gegenüber zu konzentrieren. Aus einem Herzen heraus zu sprechen, das echtes Interesse hat. Und dann darauf zu vertrauen, dass Gott sich um den Rest kümmern wird.

Einen großen Teil der letzten zwölf Jahre habe ich damit verbracht, Geschichten aus meinem Leben in geschriebener oder gesprochener Form zu erzählen. Nicht, weil sie so großartig wären oder ich so cool bin, sondern weil sie zeigen, wie groß Gott ist. Wer mich kennt – ich meine, wirklich *kennt* –, staunt, dass Gott durch mich tun konnte, was er getan hat. Ich selbst staune, dass Gott durch mich tun konnte, was er getan hat. Ich bin ein Kleinstadtjunge aus einer ländlichen Gegend in Nebraska. Bei meinem Schulabschluss war ich der Zehntbeste in einer Klasse von zwanzig Schülern. Ich studierte an einem kleinen College und machte einen einfachen Bachelorabschluss in Geschichte. Der wichtigste Mann, den ich kannte, war mein Vater, und er war der Pastor einer Gemeinde in einer kleinen Stadt. Ich kannte keinen Bürgermeister oder Kongressabgeordneten und keinen reichen Menschen. Ich hätte mir nie vorstellen können, einmal zu tun, was ich heute tue. Ich wollte einfach jagen und angeln und am Wochenende zelten gehen.

Und doch habe ich entdeckt, dass Gott groß ist. Und dass er gern Menschen wie mich gebraucht. Und Menschen wie Sie. Wir sind sein Überraschungsfaktor. Wir sind das Kleine, Versteckte, aus dem sein Königreich hervorgeht. Das Sandkorn, das in seiner Hand zu einer Perle wird. Der Sauerteig, der sich im ganzen Teigklumpen ausbreitet. Klein und unbedeutend, bis wir von Gottes Geist berührt werden. Aber dann aufgepasst!

Was tun wir? Was ist unser Anteil? Wir sind da. Wir sind voller Mut, nicht, weil wir allein stark sind, sondern weil wir geliebte Menschen sind. Geliebt von Gott, was uns wiederum den Mut gibt, andere zu lieben. Und genau das treibt unsere Angst, unseren Stolz und unsere Unsicherheit aus.

Was tut Gott? Alles andere. Und das »andere« können wir getrost weglassen. Selbst die Dinge, die wir tun, geschehen durch seine Kraft. Er gibt uns buchstäblich den Atem dazu. Also öffnen wir unser Herz, unser Denken und unseren Mund, um die Menschen um uns herum in seinem Namen und mit seiner Kraft zu lieben und ihnen zu dienen. Das ist alles.

Wenn Sie ein Gespräch führen, ein gutes, ein schwieriges, eines, in dem Sie alle Karten auf den Tisch legen, und sich dann auf dem Heimweg dumm und unsicher fühlen, weil Sie dies oder jenes nicht richtig ausgedrückt haben, dann lassen Sie es los. Es ist Gottes Sache. Seien Sie nicht so verbissen. Lassen Sie ein bisschen locker. Entspannen Sie sich. Gott hat es im Griff – Sie und Ihre Gespräche und die andere Person und deren Zukunft.

Nehmen Sie sich nicht zu ernst. Versuchen Sie nicht, aus sich selbst heraus stark zu sein, sondern vielmehr, stark auf Gott zu vertrauen. Werfen Sie einen zweiten Blick auf die »geistliche Waffenrüstung« in Epheser 6. Da könnte man eine Menge Machokram vermuten – aber so ist es nicht. Der Text sagt uns, dass wir nicht mit Fleisch und Blut zu kämpfen haben.[74] Genau genommen beginnt der Text mit dem Vorwort: »Werdet stark durch den Herrn und durch die mächtige Kraft seiner Stärke!«[75]

In drei Versen wird in diesem Abschnitt etwas betont, das wir tun sollen: widerstehen, fest stehen oder aufrecht stehen.[76] Das ist alles. Widerstehen. Stehen. Aufstehen. Aufwachen. Aus dem Bett steigen. Puh, das ist eine Erleichterung! All das Kämpfen und so weiter könnte uns müde machen, aber das ist nicht unsere Aufgabe. Die besteht einfach darin, zu stehen.

Aber stehen und widerstehen ist nicht immer so einfach. Wir werden jeden Tag durch etwas in uns oder außerhalb von uns umgehauen. Das Leben ist hart. Wieder aufzustehen und zurück in die Schlacht zu gehen (die Schlacht, die Gott schlägt), ist nicht immer ein Spaziergang. Aufrecht zu bleiben, ist schwer.

Also laden Sie sich nicht zusätzlichen Druck auf. Die Last der Welt gehört auf Gottes Schultern, nicht auf Ihre.

Diese Woche lautet die Aufgabe zu entspannen! Und zu stehen. Und zu vertrauen.

Führen Sie die guten Gespräche, bei denen Sie immer besser werden, und überlassen Sie die Ergebnisse Gottes fähigen Händen.

Auf den Punkt: Einfach mutig sein

Unerschrocken sein. Stark und mutig sein. »Ja, aber …«, sagen Sie vielleicht. »Ich wäre ja gern, aber ich bin es nicht. Der Film über mein Leben würde nicht *Braveheart* heißen, sondern *Chickenheart**.

Sie, meine unmutigen Freunde, möchte ich deshalb um etwas bitten: *Stehen Sie.* Tun Sie es buchstäblich. Stehen Sie einmal auf, nur eine Sekunde. Sie können weiterlesen, aber lesen Sie für ein Weilchen im Stehen weiter. Ein gutes Gefühl, oder?

Fest stehen und geradeaus gehen, sind eindrückliche Bilder. Sie werden in der Bibel wiederholt verwendet, um zu beschreiben, wie gottesfürchtige Menschen ihr Leben führen. Immer wieder werden wir aufgefordert, zu stehen und zu gehen. Ich nehme an, der Grund ist, dass Gott weiß, wie schwer es ist, stehen zu bleiben, und erst recht, zielgerichtet zu gehen. Aber denken Sie einfach ein wenig darüber nach, was es bedeutet, fest zu stehen.[77] Nicht aufzugeben. Machen Sie sich keine Sorgen ums Gewinnen oder Überwinden oder um große Taten. Stehen Sie einfach.

Winston Churchill sagte einmal: »Erfolg ist nichts Endgültiges, Misserfolg nichts Fatales: Was zählt, ist der Mut, weiterzumachen.« Vielleicht haben Sie sich bisher für einen Angsthasen gehalten, aber Sie sind es nicht. Andernfalls würden Sie das hier nicht lesen. Sie haben ein mutiges Herz, weil Ihnen das Herz und der Verstand des mutigsten Menschen gegeben ist, der je lebte. Sie haben das Herz und den Verstand von Jesus.

---

* »Braveheart« heißt übersetzt »mutiges Herz«, »Chickenheart« bedeutet sinngemäß »feiges Herz« (Anm. d. Übers.).

Tiefer graben und diskutieren

1. Denken Sie an einen Menschen in Ihrem Leben, der in seinen Begegnungen kühn und mutig über Jesus redet, aber gleichzeitig freundlich und präsent ist. Beschreiben Sie ein Gespräch, das Sie selbst mit dieser Person hatten oder das Sie beobachtet haben.
2. Hat jemand einmal ein wichtiges Gespräch mit Ihnen geführt, das wahrscheinlich seinerseits Mut erforderte? Was waren die Folgen dieses Gesprächs?
3. Lesen Sie einige der Bibelstellen, die in diesem Teil erwähnt wurden (Matthäus 16,21-25; Markus 1,29-38; 5,1-20; Johannes 2,13-22; 8,1-22). Welche Geschichte oder welches Gespräch von Jesus zeigt am deutlichsten seinen Mut?
4. Diese Woche war die Aufgabe, in Ihren Beziehungen zu anderen mutig zu sein. Welche der folgenden Möglichkeiten haben Sie ausprobiert? Wie lief es?
   - Denken Sie an das, was Sie in Gesprächen am leidenschaftlichsten vertreten, und warum. Wofür sind Sie bereit, sich zu Wort zu melden und die Konsequenzen zu tragen?
   - Denken Sie an mindestens ein Gespräch, in dem Sie heraustreten und mutig sein müssen.
   - Üben Sie, was es heißt, dass andere Ihnen mehr am Herzen liegen als das, wie Sie wahrgenommen werden, selbst wenn Sie töricht wirken.

- Üben Sie, sowohl mit Gnade als auch mit Wahrheit zu reden. Finden Sie heraus, was von beidem Sie tendenziell bevorzugen.
- Entspannen Sie sich und überlassen Sie die Ergebnisse Gott.

5. Gibt es eine oder zwei Personen in Ihrem Leben, mit denen Sie bald weise, vorsichtige, aber mutige Gespräche führen sollten? Entscheiden Sie, wer diese Personen sind, und entwickeln Sie mit viel Gebet einen Plan, wie Sie das Gespräch in Angriff nehmen wollen. Holen Sie den Rat eines vertrauten Freundes oder einer Freundin ein, wenn Sie sich nicht sicher sind, wie Sie vorgehen sollen. (Und denken Sie daran: Mut ist keine Entschuldigung dafür, hart und lieblos zu sein; es ist einfach die Entscheidung, auf eine Art und Weise, die Christus so sehr wie möglich entspricht, das zu tun, was getan werden muss.)

TEIL 4

JESUS SEIN

Wir dürfen nie zulassen, dass die Autorität von Büchern, Institutionen oder geistlichen Führungspersönlichkeiten die direkte, persönliche Erfahrung Jesu ersetzt. Wenn die Glaubensperspektiven anderer sich zwischen uns und die unmittelbare Erfahrung Jesu als der Christus stellt, werden wir Handelsvertreter ohne viel Überzeugungskraft, die von Dingen Prospekte verteilen, die sie noch nie ausprobiert haben.

Brennan Manning[78]

Ich bete für sie alle, dass sie eins sind, so wie du und ich eins sind, Vater – damit sie in uns eins sind, so wie du in mir bist und ich in dir bin, und die Welt glaubt, dass du mich gesandt hast. Ich habe ihnen die Herrlichkeit geschenkt, die du mir gegeben hast, damit sie eins sind, wie wir eins sind – ich in ihnen und du in mir, damit sie alle zur Einheit vollendet werden. Dann wird die Welt wissen, dass du mich gesandt hast, und wird begreifen, dass du sie liebst, wie du mich liebst.

Johannes 17,21-23

Ich weiß nicht genau, warum Sie sich entschieden haben, dieses Buch zu lesen. Aber da Sie schon so weit gekommen sind, nehme ich an, dass es Ihnen ernst damit ist, etwas im Leben der Menschen zu bewirken, mit denen Sie in Kontakt kommen. Jesus selbst und dass andere Menschen ihn im Kleinen und Großen kennenlernen, ist Ihnen wichtig genug, um sein Leben unter eine neue Lupe zu nehmen, insbesondere seine Gespräche. Und genau darauf haben wir uns in den ersten drei Teilen konzentriert: Jesus in seiner freundlichen, präsenten und mutigen Gesprächsführung zu folgen. Beim Titel dieses vierten Teils fragten Sie sich nun vielleicht: *Haben Sie uns denn nicht schon die ganze Zeit aufgefordert, »Jesus zu sein«?* Ja, aber in diesem letzten Teil möchte ich noch tiefer gehen.

Jesus hat uns in allem das höchste Vorbild gegeben. Doch das ist nicht alles, was er uns gegeben hat. Er hat seinen ersten Nachfolgern und denjenigen, die nach ihnen kommen würden (also uns), versprochen, dass er sich ihnen selbst geben, dass er tatsächlich *in* ihnen sein würde. In uns ist Jesus wahrhaftig gegenwärtig, was bedeutet, dass durch uns Jesus für andere gegenwärtig ist. Nicht aufgrund unserer eigenen guten Werke oder Vollkommenheit, sondern aufgrund seines gnädigen und großzügigen Geschenks seiner Gegenwart und Liebe.

Paulus sagt sogar, dass wir in Jesus' Bild verwandelt werden.[79] Doch diese Verwandlung ist für uns kein passiver Prozess. Er erfordert Absicht, Reflexion und Bestreben. Nicht auf die anderen hin, wenn wir mit ihnen reden, wie wir es in den vorigen Teilen besprochen haben, sondern auf Jesus selbst hin. Wir sollen so sehr wie er werden, dass wir so glauben, handeln und lieben wie er: beständig und von innen heraus.

Die Aufgaben in diesem Teil werden deshalb eine etwas andere Note haben. Sie werden sich nicht so sehr auf das beziehen, was Sie in Bezug auf andere tun, sondern auf das, was Sie in Bezug auf Jesus, den Vater und den Heiligen Geist tun. Wenn seine Art zu Ihrer Art wird, wird sein Leben aus Ihnen heraus zu anderen fließen.

16 Glaube ich, was Jesus glaubte?

Die Tiefkühltruhe:	Gehen Sie davon aus, dass Jesus so glaubte wie Sie.
Der Eisbrecher:	Entdecken Sie, was Jesus glaubte, und passen Sie sich daran an.

Jesus glaubte Dinge. Über sich selbst. Über seinen Vater. Über die Welt, die Sünde, das Leben, Himmel, Hölle, Menschen, Religionen und Politik. Er hatte das, was wir ein Glaubenssystem nennen.

Ich bin mit einer westlichen christlichen Weltsicht aufgewachsen, die mehr die Glaubensüberzeugungen der amerikanischen evangelikalen Bewegung und unsere Interpretation von Paulus' Glaubensüberzeugungen reflektiert als das, was Jesus tatsächlich glaubte. Daher kam ich erst später in meinem Leben auf den Gedanken, zu fragen: Wäre es für einen Nachfolger von Jesus nicht das Wichtigste, zu verstehen, was er glaubte, besonders, wenn wir wollen, dass sein Handeln und seine Interaktionen sich in unseren widerspiegeln?

In meiner ersten Lebenshälfte ging ich davon aus, dass die Glaubensüberzeugungen, die von meiner Kindheitsgemeinde vertreten wurden, denen von Jesus entsprachen. Aber das muss nicht unbedingt in jeder Hinsicht stimmen.

Ich möchte einmal auflisten, was in meinen Augen einige von Jesus' Glaubensüberzeugungen waren. Die folgenden Punkte sind direkt von meinem Freund und langjährigen Mentor Bart

Tarman[80] übernommen. Ich führe zwölf Aussagen auf, doch die Bibel zeigt uns noch viele weitere.

1. Jesus glaubte, dass Gott wie ein Papa ist.
2. Jesus glaubte, dass Glaube der Schlüssel für jede Tür ist – nicht korrektes Denken, sondern kindliches Vertrauen.
3. Jesus glaubte an Liebe.
4. Jesus glaubte an Demut.
5. Jesus glaubte, dass Sterben der Schlüssel zum Leben ist.
6. Jesus glaubte, dass jeder willkommen ist.
7. Jesus glaubte, dass das beste Leben in Gemeinschaft stattfindet.
8. Jesus glaubte ans Großzügigsein.
9. Jesus glaubte, dass Veränderung von innen nach außen geschieht.
10. Jesus glaubte an ein auf den Kopf gestelltes Königreich. Eine entgegengesetzte Welt. Wenn du reich bist, bist du arm. Sei für Feinde ein Freund. Lebe, um zu sterben. Sei ein Kind, um reif zu sein. Werde leer, um voll zu werden. Vergib, damit dir vergeben wird.
11. Jesus glaubte an Mitgefühl – dass es gut ist, andere so zu behandeln, wie wir behandelt werden wollen.
12. Jesus glaubte an das Empfangen und Gewähren von Vergebung.

Finden Sie eine dieser Glaubensüberzeugungen überraschend? Sind Sie in irgendeinem Punkt anderer Meinung? Wenn nicht, darf ich Sie dann fragen: Glauben Sie wie Jesus? Ich würde diese Glaubensüberzeugungen »Prinzipien von Gottes Reich« nennen, ähnlich dem Gesetz der Schwerkraft. Sie sind wahr und man kann sich immer auf sie verlassen, und zwar wirklich *immer*. Doch nur, wenn wir sie glauben und danach handeln, werden wir erleben, dass sie etwas in unserem Leben und dem Leben der Menschen in unserem Umfeld bewirken.

Vielleicht ist Ihnen die Diskussion unter Philosophen, Soziologen und Theologen bekannt, in welcher Reihenfolge Verhalten, Denken und Glaubensüberzeugungen zueinander stehen. Wenn Sie ein Ablaufdiagramm dieser drei Faktoren zeichnen müssten, wie würde es aussehen? Ich würde behaupten, dass unsere Glaubensüberzeugungen zuerst kommen, dass sie dann zu unseren Gedanken führen (Glaubensüberzeugungen sind die Basis für unser Denken), und dass unsere Glaubensüberzeugungen und Gedanken in unserem Verhalten Ausdruck finden. Unglücklicherweise konzentriert sich unser Verständnis von christlicher Jüngerschaft oft mehr auf Verhaltensänderungen (beten, nicht sündigen und so weiter) als auf den Umgang mit unseren Gedanken. Meiner Erfahrung nach dringt unsere Jüngerschaft nur selten bis zu unseren tiefsten Glaubensüberzeugungen vor.

Lassen Sie uns einen genaueren Blick auf die erste Grundüberzeugung von Jesus werfen. Im letzten Teil haben wir gesehen, dass Jesus harte Dinge sagen oder tun und dann seinem Vater den Ausgang anvertrauen konnte. Dieser Glaube beruhte auf dem tiefen Wissen, dass der Vater ein liebevoller *Abba* (»Papa«) ist. Jesus war sich dessen so gewiss, dass er auch im Moment seines größten Kampfes, im Garten Gethsemane in der Nacht vor seiner Kreuzigung, zu Gott als seinem *Abba* rufen konnte. Dieser tiefe Glaube war für ihn ein Anker in seiner dunkelsten Stunde. Ist das bei uns genauso?

Vielleicht behaupten wir, zu glauben, dass Gott ein liebender Vater ist, doch wenn wir ihn im Herzen als distanziert oder verächtlich (oder als etwas anderes Negatives) wahrnehmen, wird es uns äußerst schwerfallen, ihm in den riskanten, schmerzhaften und dunklen Zeiten unseres Lebens zu vertrauen. Und das wird sich in unserem Umgang und unseren Gesprächen mit anderen zeigen, trotz unserer besten (bewussten oder unbewussten) Versuche, es zu überspielen.

Das, was wir im Herzen glauben, bildet unsere tiefsten Glaubensüberzeugungen, nicht das, was wir mit dem Mund sagen.

Unsere tiefsten Glaubensüberzeugungen führen zu unseren Gedanken, die wiederum zu unseren Taten führen. Was andere wirklich glauben, kann man daran ablesen, wie sie leben. Menschen, die Gott als wahrhaft liebevoll, vertrauenswürdig, einladend, großzügig, vergebend und einfühlsam wahrnehmen, handeln diesen Glaubensüberzeugungen entsprechend. Sie können bereitwillig zugeben, wenn sie versagt haben, denn sie wissen, dass Gott sie liebt und dass sie auf seine Hilfe vertrauen können. Sie können über sich selbst lachen. Sie nehmen sich nicht allzu ernst, denn sie wissen, dass Gott sie festhält. Sie klammern sich nicht zwanghaft an ihren Besitz und geben großzügig, denn sie erleben, dass Gott ihnen großzügig begegnet.

Können Sie erkennen, wie wichtig es ist, so zu glauben wie Jesus, wenn Sie ihm in all Ihrem Handeln und Ihrem Umgang mit anderen nachfolgen wollen?

Wir alle haben schon aus falschen Glaubensüberzeugungen heraus gelebt. Als Jugendlicher fühlte ich mich wie ein Verlierer. Ich war nicht cool. Ich war nicht schlau. Ich war nicht sportlich. Ich war nicht besonders talentiert. Obwohl es mir zu der Zeit nicht bewusst war, war mein Eindruck von Gott, dass er schroff und fordernd ist. Das beeinträchtigte mein ganzes Leben. Alle meine Entscheidungen. Ich verwendete meine ganze Zeit und Energie auf den Versuch, mir und anderen zu beweisen, dass ich etwas wert war. Ich wurde zu einem wirklich fleißigen Arbeiter und übernahm die schwersten Aufgaben, was mir Anerkennung von anderen einbrachte, aber ich war auch ehrgeizig und unwahrscheinlich beschäftigt. Diese Mentalität tat meiner Familie weh, ruinierte fast meine Ehe und beschädigte viele meiner Freundschaften. Dieser Schmerz und dieses Fehlverhalten rührten von der falschen Glaubensüberzeugung her, dass ich unwürdig und Gott ein harter Lehrmeister wäre.

Ich bin Gott so dankbar, dass er mich neu ausrichtet und ich lernen kann, zu glauben, was Jesus glaubt. Das nennen wir Heilung.

Und es ist gut. Sehr gut.

Wie wäre es, wenn Sie und ich diese Woche übereinkommen, dass wir anfangen wollen, in die Glaubensüberzeugungen von Jesus einzutauchen mit der Absicht, das Gleiche zu glauben? Fangen Sie damit an, die zwölf Glaubensgrundsätze von Jesus noch einmal durchzulesen und ihn zu bitten, dass er ihnen hilft, diese Dinge ebenfalls zu glauben. Wenn unser Denken und Herz umgestaltet wird, sodass es wie seines ist, dann werden die Taten folgen. Ich bin gewiss, dass das Leben von Jesus – in Liebe, Großzügigkeit, Offenherzigkeit, Mitgefühl und noch viel mehr Gutem – diejenigen, mit denen wir zu tun haben, nachdrücklich beeinflussen wird.

17 Stimmen meine Worte mit meinen Taten überein?

Die Tiefkühltruhe:	Machen Sie große Worte.
Der Eisbrecher:	Handeln Sie noch größer.

Jesus redete viel. Und wie wir in manchen der vorigen Kapitel gesehen haben, sagte er einige ziemlich unerhörte Dinge. Doch er lebte, was er sagte. Er lebte aufrichtig.

Als die Jünger Angst vor dem stürmischen See hatten, rügte Jesus sie für ihren mangelnden Glauben. Das war an sich schon schockierend. Große Worte. Doch noch größer war, dass er anschließend unter Beweis stellte, warum sie keinen Grund zur Angst hatten, indem er den Sturm stillte und seine Macht über das Wasser demonstrierte.

Die folgenden Worte von Jesus sind sehr bekannt: »Die größte Liebe beweist der, der sein Leben für die Freunde hingibt.«[81] Schöne Worte. Starke Worte. Poetische und nicht in die Tat umsetzbare Worte, denken wir vielleicht – aber Fakt ist: Jesus setzte sie in die Tat um. Er nannte uns Freunde und gab sein Leben für uns, in einer Art und Weise, wie sie schmerzhafter und öffentlicher nicht hätte sein können.

Seine Worte und Taten stimmten immer überein.

Jesus warnte seine Nachfolger: »Die Schriftgelehrten und Pharisäer sitzen als Ausleger der Schrift auf dem Stuhl von Mose. Deshalb haltet euch an das, was sie euch sagen, aber folgt nicht ihrem Beispiel. Denn sie handeln nicht nach dem, was sie euch lehren.«[82] Ist das nicht großartig? Er zollte der Position der Pharisäer und dass sie Gottes Gesetz lehrten, Respekt, und er wies seine Jünger an, diesem Gesetz zu gehorchen. Doch Jesus trug den Jüngern ebenso auf, nicht das Handeln der Pharisäer nachzuahmen, weil sie Heuchler waren.

Ich wünsche mir zutiefst und versuche es auch, ein aufrichtiges Leben zu führen, doch meine Worte stimmen nicht immer mit meinen Taten überein. Manchmal rede ich auf einer Konferenz darüber, wie wichtig es ist, ein demütiger Diener wie Jesus zu sein, und wenn ich nach Hause komme, »vergesse« ich, den Müll rauszubringen. Oder ich verpflichte mich, bei einem Freund nachzufragen, wie sich ein großes Thema in seinem Leben entwickelt, aber ich vergesse es ungewollt, weil ich zu beschäftigt mit meinem eigenen Leben bin, um ihn anzurufen. Oder ich sage, dass ich beten werde, aber ich tue es nicht.

Ich bin ein Mensch. Ich versage. Doch ich tue mein Bestes, um um Vergebung zu bitten und es weiter zu versuchen, wenn ich merke, dass ich versagt habe.

Wir können uns im Umgang mit anderen Autorität verdienen – die Möglichkeit, in ihr Leben hineinzusprechen –, wenn unser Handeln mit unseren Worten übereinstimmt und wir durch gute Vorbereitung, unsere Aufmerksamkeit und Ausführung beweisen, dass wir vertrauenswürdig und aufrichtig sind.

Vor Kurzem traf ich mich mit einem jungen Mann, den ich seit ein paar Monaten kannte, auf einen Kaffee. Er schüttete mir sein Herz aus – über seine kaputte Familie, seine Suchtprobleme, seine schwierige Ehe und sein zielloses Leben.

Chris und ich hatten einige Zeit mit ihm und seiner Familie verbracht, einfach zugehört und mit ihnen gebetet. Wir waren in ihrem Haus zu Gast gewesen und hatten sie in unserem Haus willkommen geheißen.

Nachdem der junge Mann eine gute Stunde darüber geredet hatte, wie schlecht alles stand – obwohl wir das meiste bereits wussten –, fragte er mich: »Was meinst du, was soll ich machen?« Ich hatte konkret gebetet, dass er genau diese Frage stellen würde und dass Gott mir eine hilfreiche Antwort schenken möge. Der junge Mann fragte und ich war bereit.

»Du musst aufhören, dich mit diesen Freunden zu treffen. Verabschiede dich von ihnen. Buchstäblich. Jetzt. Du musst deine Frau um Vergebung für die drei Dinge bitten, die du getan hast. Trinke keinen einzigen Tropfen Alkohol mehr und hör auf zu kiffen, heute noch. Ich gebe dir die Kontaktdaten von jemandem, der dir dabei helfen kann. Und verpflichte dich, Jesus wirklich kennenzulernen. Lies die Evangelien fünfmal durch. Lies jeden Tag 15 Minuten darin. Bete jeden Tag mit deiner Frau, selbst wenn es nur zehn Sekunden sind. Höre dir diese zwanzig Online-Predigten an und mache dir Notizen. Das war's für den Augenblick.«

Er war ein bisschen schockiert. Ich weiß nicht, was er erwartet hatte, aber meine Worte kamen einfach wie aus der Pistole geschossen. Und ich endete mit den folgenden Worten: »Sam, du weißt, dass ich dich sehr gern habe. Ich habe auch deine Familie sehr gern, und wir sind eure Freunde, solange ihr wollt. Ich möchte dir helfen. Wie wär's, wenn du mir einmal pro Woche eine kurze E-Mail schreibst und mir erzählst, wie es mit diesen Aufgaben läuft? Ich werde es dir nicht schwer machen. Erledige die Aufgaben nur, wenn du es willst. Es liegt ganz bei dir. Ich werde mich so viel mit dir befassen, wie du mich mit mir befasst. Ich werde dich anrufen, dir E-Mails schreiben, dich besuchen, was du willst, solange du die Aufgaben erledigst. Wenn du dich entscheidest, es bleiben zu lassen, ist das in Ordnung, aber ich werde dir nicht helfen. Dann stehst du allein da. Klar?«

Und wissen Sie was? Er hat alles getan, wozu ich ihn aufgefordert habe, und noch mehr. Inzwischen ist fast ein Jahr vergangen und sein Leben hat sich verändert. Ich konnte ihn derartig herausfordern, weil er mich predigen und reden gehört hatte und dann beobachtet hatte, wie Chris und ich leben, und gesehen hatte, dass meine Worte mit meinen Taten übereinstimmten. Ich sagte ihm mehrfach, dass er mir wichtig war. Doch eine viel größere Wirkung hatte, dass ich es ihm zeigte, indem ich bereit war, mit Autorität, Weisheit und Klarheit zu sprechen, als sich die Gelegenheit ergab.

Natürlich kann ich Ihnen viele ähnliche Geschichten erzählen, die nicht so verlaufen sind, entweder weil ich nicht die Autorität hatte, die ich zu haben meinte, oder weil die andere Person sich einfach weigerte, auf mich zu hören, oder weil ich schlichtweg nicht vorbereitet war.

Gehen Sie diese Woche etwas in sich und fragen Sie sich, wie oft Ihre Taten mit Ihren Worten übereinstimmen. Neigen Sie dazu, größer zu reden, als Sie leben? Vielleicht könnten Sie einige vertraute Freunde oder Familienmitglieder nach ihrer Sicht der Dinge fragen. Besitzen Sie die Autorität, die aus einem aufrichtigen Leben entsteht? Oder gibt es in manchen Bereichen Heuchelei, die offengelegt und bekannt werden muss?

Wir alle kennen den Spruch: »Taten sprechen lauter als Worte.« Seien wir bereit für jene erwarteten und unerwarteten Begegnungen, indem wir uns einen Ruf der Aufrichtigkeit aufbauen, der vor uns hergeht.

18 Kenne ich Jesus wirklich?

Die Tiefkühltruhe:	Sprechen Sie nur von Fakten und Lehrsätzen.
Der Eisbrecher:	Sprechen Sie über Ihre persönlichen Erlebnisse.

Vielleicht denken Sie jetzt: Moment mal, Carl! Wir versuchen doch, anderen Menschen zu helfen, Jesus kennenzulernen. Natürlich kenne ich Jesus! Richtig, Sie würden dieses Buch ja nicht lesen, wenn Sie Jesus nicht irgendwie kennen würden oder wenigstens neugierig auf ihn wären, so sehr, dass Sie tatsächlich auf eine Art und Weise mit anderen Menschen sprechen wollen, die Jesus ähnlich ist.

Dennoch möchte ich näher auf diesen Gedanken eingehen, Jesus zu kennen. Besonders im Licht des Schwerpunktes, den ich für diesen Teil gesetzt habe, nämlich, Jesus so zu kennen und ihm so zu begegnen, dass wir in sein Bild verwandelt werden. Dass wir fähig werden, für andere Menschen Jesus zu sein.

Jesus kannte seinen Vater, und er zeigte uns, was ein Leben in vertrauter, ungebrochener Verbindung mit ihm bedeutet. Schauen wir uns nur einige Beispiele an, wie Jesus sich zurückzog, um mit seinem Vater allein zu sein: bevor er die Jünger berief, als er über den Tod seines Freundes und Cousins Johannes des Täufers trauerte, und natürlich die Nacht vor seiner Kreuzigung. Wohin ging Jesus, wenn er Weisheit, Trost oder Mut brauchte? Zu seinem

Vater. Sein Kennen ging so tief, dass er sogar sagte, die Worte, die er sprach, seien nicht seine eigenen, sondern die seines Vaters. Wow.

Nun denken Sie möglicherweise: Ja, aber Jesus hatte es leicht. Er ist schließlich Gott. Dreieinigkeit und so. Natürlich kennt er seinen Vater. Sie sind eins.

In diesem Fall habe ich ein »Ja, aber« für Sie. Jesus war auch ganz Mensch. Er lebte uns die beste Art und Weise vor, zu leben. Er lädt uns sogar dazu ein, ihn genauso tief gehend und aus einer engen Verbindung heraus zu kennen, wie er seinen Vater kannte.

Und damit zurück zu unserer Frage: Kennen wir Jesus wirklich?

Wir werfen mit dem Wort »kennen« relativ leichtfertig um uns. Es besteht ein großer Unterschied zwischen »Dinge über Jesus wissen« (das nennen wir »Lehre«, und das ist etwas Gutes – etwas sehr Gutes –, aber wir sollten nie dabei stehen bleiben, und »Jesus kennen«.

Nachdem Sie dieses Buch gelesen haben, werden Sie viel über mich wissen. Und Sie könnten meine anderen Bücher lesen und sich alle meine Predigten online anhören und eine ganze Menge darüber erfahren, was mich motiviert. Sie würden einige meiner Hoffnungen und Träume kennenlernen und was ich über Gott und das Leben denke. Sie wissen bereits, dass ich verheiratet bin und dass meine Frau und ich drei Kinder haben und einen großen Teil des Jahres im Nahen Osten leben. Doch wenn jemand Ihnen die einfache Frage »Kennen Sie Carl Medearis?« stellen würde, müssten Sie zögern. Sie würden vielleicht antworten: »Na ja, ich meine, ich kenne ihn ... irgendwie.« Aber Sie müssten erklären, dass wir uns nie persönlich kennengelernt haben. Und wenn wir uns irgendwo auf einer Konferenz getroffen hätten, müssen Sie immer noch erklären, dass Sie mich im Grunde nicht gut kennen.

Ich kenne meine engsten Freunde. Ich habe ihre Telefonnummern und sie haben meine. Wir schreiben uns SMS. Telefonieren. Schreiben uns E-Mails. Treffen uns. Ich war bei ihnen zu Hause und kenne ihre Familien und sie kennen meine. Wenn es ihnen nicht gut geht, weiß ich es. Wenn ich irgendein Problem habe, sind sie für mich da. Wir sind gute Freunde. Das kann nicht jeder sein. Für mich gibt es nur wenige Menschen, die ich als so enge und vertraute Freunde betrachte, dass ich behaupten würde, sie zu »kennen«.

Das ist die Art von »kennen«, die wir mit Jesus entwickeln müssen. Echte Freundschaft braucht Zeit. Sie braucht auch ein paar Schlaglöcher auf der Straße. Ein paar Aufs und Abs und das einzigartige Gefühl, jemanden zu vermissen, wenn man ihn oder sie eine Weile nicht gesehen hat. Es gehört dazu, physisch Zeit mit ihnen zu verbringen. Mit Jesus ist das etwas schwerer, weil er nicht physisch bei uns ist, wie Sie und ich zusammen sein könnten. Doch er ist in jedem anderen Aspekt des Wortes »bei« uns, und in vielerlei Hinsicht ist es ein tieferes »Bei«, als wir es mit denen erleben können, die physisch anwesend sind.

Wie ich in der Einleitung zu diesem Teil betont habe, benutzte Jesus nicht nur das Wort »bei«, um seine Verbindung zu uns zu beschreiben, sondern das Wort »in«. Wir können *in* ihm bleiben, so wie er *in* uns bleiben wird. Wie Reben, die mit einem Weinstock verbunden sind. Ohne diese Verbindung ist es unmöglich, Frucht zu bringen. Wenn man die Reben vom Weinstock trennt, führt das zum Verwelken und zum Tod. Das ist das »Kennen«, von dem ich spreche, das Kennen, das Jesus uns in der Verbindung mit seinem Vater vorgelebt hat. Eine tiefe, vertraute, Leben spendende Verbindung.

Ich erlebe Jesus auf ganz vielfältige Art und Weise. Im Gebet. In der Stille. Wenn ich allein im Wald spazieren gehe. Ich erlebe ihn zutiefst inmitten der Gemeinschaft. In Anbetung und Singen. Am allertiefsten, glaube ich, erlebe ich Jesus im Dienst, insbesondere im Dienst an den Armen. Wenn ich die Bibel lese, wird er mir oft fast greifbar lebendig. Ich nehme ernst, was er mir anbietet: »Wenn ihr mit mir verbunden bleibt und meine Worte in euch bleiben, könnt ihr bitten, um was ihr wollt, und es wird euch gewährt werden!«[83] Jesus' Worte zu kennen – die Worte, die in manchen Bibeln fett gedruckt sind – ist ein wichtiger Teil, wenn wir ihn selbst kennen wollen.

Wenn ich mich Gott so öffne, kann ich ihn immer besser kennenlernen.

Doch das fällt mir nicht immer leicht. Beziehungen können schwierig sein, selbst die Beziehung zu Gott. Sie kosten Zeit. Manchmal höre ich Dinge, die ich eigentlich nicht hören will. Ab und zu denke ich, es wäre leichter, alles allein zu tun. Gott auf Distanz zu halten. Mein eigenes Ding zu machen. Falls es bisher noch nicht deutlich geworden ist: Ich kann mit meiner Zeit und meiner Zuneigung egoistisch umgehen. Allerdings gibt es in dieser Beziehung einen vollkommenen Partner, der mich noch nicht aufgegeben hat.

Wenn wir uns ganz darauf einlassen, Jesus immer besser kennenzulernen, wird das unser Herz verändern, unseren Dienst und natürlich unsere Gespräche. Und wir haben unser Leben lang Zeit (und noch länger!), ihn kennenzulernen. Erinnern Sie sich daran, wie Jesus kurz nach seiner Kreuzigung inkognito mit zwei Jüngern auf der Straße nach Emmaus unterwegs war? Er sprach mit ihnen über all die Stellen in der Heiligen Schrift, in denen der Messias erwähnt wird. Als die beiden erkannten, wer er war, sagten sie: »Brannte nicht unser Herz in uns, wie er auf dem Weg zu uns redete …?«[84]

Ein Gedanke lässt mich nicht mehr los: Wenn wir Jesus kennen – wirklich kennen – und wenn wir uns darauf einlassen, seine Worte so kennenzulernen, dass sie in uns sind, wird eine Kraft in unseren Worten liegen, die über ihren buchstäblichen Sinn hinaus Eindruck hinterlässt.

Nehmen Sie sich diese Woche Zeit, um allein mit Jesus zu sein. Verbringen Sie Zeit mit ihm, vielleicht mehr Zeit, als Sie es gewohnt sind. Gehen Sie mit ihm spazieren. Lesen Sie seine Worte und sinnen Sie darüber nach. Lernen Sie sie eventuell sogar auswendig. Sagen Sie sie zu jemand anderem. Bitten Sie Jesus um Hilfe, um ihn besser kennenzulernen. Er selbst hat gesagt, dass wir ihn finden werden, wenn wir ihn von ganzem Herzen suchen. Unsere Bemühungen könnten gar nicht besser belohnt werden, also legen wir los!

19 Tue ich, was Jesus tat?

Die Tiefkühltruhe:	Schrecken Sie vor Leid zurück.
Der Eisbrecher:	Beten Sie für Menschen, die krank oder in Not sind.

Jesus zog durchs Land und heilte die Kranken, trieb Dämonen aus, erweckte Tote zum Leben und predigte die Gute Nachricht von seinem neuen Königreich. Und dann forderte er seine Nachfolger auf, das Gleiche zu tun.

Wenn es uns irgendwie ernst damit ist, in unserem Umgang mit anderen wie Jesus zu sein, dann müssen wir ernst nehmen, was er uns aufgetragen hat. Jesusnachfolger führen nicht nur solche Gespräche wie er, sondern handeln auch wie er. Das bedeutet, dass wir uns aktiv bemühen, Heilung zu bringen.

Jesus sagte nie: »Betet für die Kranken«; er forderte seine Jünger auf: »Heilt die Kranken.«[85] Ich weiß, das klingt für manche Ohren und je nach Hintergrund sehr pfingstlerisch; fast so, als wäre ich irgendein verrückter Fernsehprediger mit zurückgegelten Haaren im Nachtprogramm eines amerikanischen Privatsenders. Aber ich sage Ihnen nur, was Jesus sagte. Und jeder Versuch, so zu tun, als wären Wunder nur etwas für Jesus und seine ursprünglichen zwölf Jünger gewesen, wird von der Bibel widerlegt. Die Bücher, die nach den Evangelien kommen, berichten uns, wie Jesusnachfolger sich ganz auf diesen Aufruf einließen, auf diese Vision des neuen Königreichs, zu dem es gehörte, Kranke zu heilen, Dämonen auszutreiben und Tote zum Leben zu erwecken.

Ich bin kein großer Glaubensheilungs-Held. Kranke werden nicht immer gesund, wenn ich bete, und ich tue nicht so, als wäre es anders! Ich sehe keine Notwendigkeit, die Stimme zu heben oder das Wort »Gott« auf drei Silben auszudehnen. Er weiß, was ich bete, warum ich es bete und was er damit anfangen wird. Ich versuche nicht, ihn durch eine clevere Wortwahl oder eine besondere Aussprache zu einer Heilung zu manipulieren.

Doch nur weil solche Glaubensheiler im Fernsehen oft voller Hysterie und Manipulation zu sein scheinen (jedenfalls meiner bescheidenen Meinung nach), kann ich nicht unberücksichtigt lassen, dass Jesus uns aufgetragen hat, zu heilen, und zwar aus folgenden Gründen:

- Gott kann tun, was er will und wann er es will. Wenn er also ein Wunder irgendeiner Art tun will, steht ihm das frei.
- Gott tut hauptsächlich dort Wunder, wo ich nicht bin – wie in Afrika und Südamerika; Orte, an denen die Menschen generell offener für das Übernatürliche sind, im Gegensatz zum westlichen Teil der Welt, wo die Menschen eher hochrational sind und die übernatürliche Welt abschätzig betrachten.
- Hin und wieder tut Gott etwas unglaublich Wunderbares, wenn ich bete. Gott liebt es, zu kommen und Menschen durch Gebet zu berühren. Wenn Menschen nicht geheilt werden, erleben sie fast immer, dass sie von seiner Liebe berührt werden, was auch eine Art von Heilung ist.

Sollte Jesus heute nicht immer noch so von der Liebe und dem Mitgefühl bewegt sein, die Heilung in das Leben von leidenden Menschen bringen, wie während seines Lebens auf dieser Erde?

Ich glaube an Heilung, weil ich sie erlebt habe. Ich habe gesehen, wie Menschen von lebenslangen Süchten und den Auswirkungen äußerst schmerzlicher Erlebnisse befreit wurden. Ich habe gesehen, wie schwer kranke Menschen geheilt wurden und Gelähmte wieder gehen konnten. Ich habe erlebt, wie Gottes Kraft kam, wenn ich von seiner Liebe und seinem Mitgefühl bewegt war.

Nur um es gleich klarzustellen: Gott zeigt sich nicht immer aktiv, wenn ich bete. Und ich weiß nicht, warum Menschen manchmal geheilt werden und manchmal nicht. Über die Gründe für Leid wissen wir vieles nicht; es ist eine komplexe Kombination aus den Aktivitäten des Feindes, unseren Entscheidungen und Dingen, die in der himmlischen Dimension vor sich gehen, die wir nicht sehen können. Wir wissen nicht, wie sehr Gott die Gesetze, die er eingesetzt hat, außer Kraft setzen kann, ohne die Stabilität zu gefährden, die sie bieten – wie sehr er eingreifen kann, ohne unseren freien Willen und unsere Verantwortung auszuhebeln. Die Bibel lehrt uns, dass es noch andere Faktoren gibt, die den Ausgang unserer Gebete beeinflussen, zum Beispiel, was Gottes Wille in einer jeweiligen Situation ist, wie viele Menschen beten, mit welchem Glauben wir beten und eventuell vorhandene Sünde. Doch nur, weil wir nicht verstehen, wie Gott durch Gebet wirkt, heißt das nicht, dass es in der Begegnung mit den Menschen in unserem Umfeld keine wichtige Handlung ist.

Vielleicht denken Sie jetzt: »Was haben solche Wunder damit zu tun, ein nettes Gespräch mit meinem Nachbarn zu führen?« Ich möchte Ihnen ein Beispiel geben.

Sagen wir mal, das nette Gespräch am Gartenzaun mit Ihrem Nachbarn verläuft so:

»Hallo Carl, was gibt's?«, fragt der Nachbar.
»Nicht viel. Und bei dir?«, antworten Sie klug und prägnant.
»Ich komme gerade vom Arzt ... und ich habe einen Tumor.«

Tja, da haben Sie's. Was fangen Sie jetzt damit an? Ganz plötzlich hat sich Ihr freundlicher Schwatz zu etwas sehr Ernstem entwickelt. Ihrem Nachbarn kommen die Tränen und Sie fühlen sich hilflos. Ich schlage nicht vor, dass Sie über den Zaun springen, die Hand auf den Tumor legen und sagen: »Hinfort, im Namen Jesu!« Aber ich rate Ihnen auch nicht zum Schweigen. Das ist mir selbst oft genug passiert. Jemand ist krank oder hat gerade entsetzlich schlechte Nachrichten erhalten, und ich bekomme nicht mehr heraus als ein: »O, das tut mir sehr leid zu hören.« Ich bin feige, schätze ich. Oder ich glaube nicht richtig. Oder ich habe mich gerade mit meiner Frau gestritten und habe das Gefühl, dass mir absolut alles, was die Autorität von Jesus an sich hat, abhandengekommen ist. Oder alles zusammen.

Gibt es eine gute Alternative dazu, entweder nichts zu sagen oder eine peinliche Imitation eines Fernsehpredigers zu liefern? Das ist eine gute Frage! Und es gibt tatsächlich so eine Alternative. Sie ist überraschenderweise dem, was Jesus tat, ganz ähnlich: *natürlich übernatürlich.*

Wir sind nicht jeden Tag oder auch jede Woche damit konfrontiert, dass jemand körperliche Heilung braucht. Aber ich wage zu behaupten, dass die meisten Menschen in unserem Leben regelmäßig irgendeine Art von Heilung nötig haben, ganz gleich, ob die Wunde sichtbar ist oder nicht. Ihr Nachbar, eine Freundin, ein Kollege oder Familienmitglied erzählt Ihnen vielleicht etwas – von einem beunruhigenden gesundheitlichen Zustand, emotionalem Schmerz oder einer zerbrochenen Beziehung –, das sich nur durch ein Wunder zurechtbringen lässt. Seien Sie vor allem erst einmal Mensch und hören Sie einfach zu. Hören Sie den Schmerz. Weinen Sie mit Ihrem Gegenüber, wenn er oder sie weint. Umarmen Sie die andere Person, wenn es passend ist; setzen Sie sich mit ihr hin und hören Sie weiter zu. Geben Sie keinen Rat oder medizinische Anweisungen. Seien Sie einfach ein guter Freund oder eine gute Freundin.

Und dann fragen Sie, ganz natürlich und normal, ob es in Ordnung wäre, wenn Sie jetzt für die Person beten würden. Nur sehr wenige werden unter solchen Umständen Gebet ablehnen. Warum sollten sie auch? Selbst wenn sie sich nicht sicher sind, ob es Gott gibt und ob er Wunder tun kann, denken sie wahrscheinlich: *Versuchen kann man's ja.* Was haben sie schon zu verlieren?

Setzen Sie sich zusammen an ein bequemes Plätzchen und vergewissern Sie sich, dass es Ihrem Gegenüber wirklich recht ist, dass Sie beten. Fragen Sie vielleicht, ob es in Ordnung ist, wenn Sie ihm oder ihr die Hand auf die Schulter oder den Rücken legen oder auch auf die schmerzende Körperstelle, wenn es sich um ein körperliches Problem handelt und dies angemessen ist. Meiner bescheidenen Meinung nach ist das nicht so sehr eine theologische Notwendigkeit als vielmehr ein Glaubensakt Ihrerseits. Es zeigt, dass Sie tatsächlich an das glauben, was Sie gleich tun werden. Und es zeigt auch Freundlichkeit der anderen Person gegenüber. Die Berührung einer warmen, freundlichen Hand ist an sich schon ein kleines Stück Heilung.

Fassen Sie sich kurz. Machen Sie es für die andere Person nicht unangenehm. Wahren Sie ihre Würde. Das ist sehr wichtig. Ich habe so viele Möchtegern-Heilungsbeter gesehen, die sich in »Glaubens-Rage« gebetet haben – auf Kosten der Person, für die sie gebetet haben. Versuchen Sie nicht, Gott (oder sich selbst) zu überzeugen, indem Sie laut werden oder besonders wortreich beten. Sagen Sie der anderen Person nicht, sie sei im Namen von Jesus geheilt.

Bitten Sie Jesus einfach, zu kommen und zu heilen. Laden Sie ihn ein, zu tun, was nur er tun kann und was er gern tut. Er bringt Leben, Heilung und Heilsein.

Wie bei unseren anderen Gesprächen auch überlassen wir die Ergebnisse ihm. Wenn wir für jemanden beten, der krank ist, leidet oder von dämonischen Kräften angegriffen wird (Albträume hat, von schrecklichen Gedanken geplagt wird, sich bedrängt fühlt oder irgendwie gequält wird), geht es dabei nicht um uns. Es geht nicht darum, dass wir gut dastehen oder genau das Richtige sagen oder tun. Es geht einfach darum, die andere Person zu lieben. In einer echten Lebenssituation mit einem anderen Menschen um ein Wunder zu beten, ist der höchste Akt von Glauben, Hoffnung und Liebe. Es gehört zu Gesprächen, wie Jesus sie führte.

Suchen Sie sich diese Woche jemanden, dem Sie die Hände auflegen können. Nein, war nur ein Scherz. Versuchen Sie nicht, es zu erzwingen. Sprechen Sie stattdessen mit Gott darüber, wie es Ihnen mit dem Thema Heilung und Wunder geht. Wovor Sie Angst haben oder wo Sie sich unsicher sind. Vielleicht können Sie auch ein bisschen Mathematik betreiben und nachzählen, wie oft Jesus jemanden heilte und wie oft seine Nachfolger im Neuen Testament daran beteiligt waren, andere durch Heilungen und

Wunder zu segnen. Und dann bitten Sie Gott, Sie auf die nächste Begegnung, die nächste Gelegenheit vorzubereiten, die er Ihnen gibt, einem anderen Menschen Heilung und Leben zu bringen.

20 Lebe ich so, als ob Jesus wichtiger ist als alles andere?

Die Tiefkühltruhe:	Schalten Sie Ihren geistlichen Tempomat ein.
Der Eisbrecher:	Treffen Sie die schwierigen Entscheidungen.

Da sind wir also, fast am Ende dieses Buches, aber hoffentlich dabei, uns auf eine ganz neue Denkweise einzulassen, wie wir mit Menschen sprechen. Wenn Sie beim Lesen die Aufgaben bearbeitet haben, sind Sie schon auf einem guten Weg, aus Erfahrung zu lernen.

Aber wir sind noch nicht fertig. Genau genommen habe ich die schwierigste Frage für den Schluss aufgehoben: Leben Sie, als ob Jesus wichtiger ist als alles andere?

Jesus wusste, dass er wichtig war. Er beanspruchte, Gott zu sein. Er beanspruchte, »der Weg, die Wahrheit und das Leben«[86] zu sein – der einzige Weg zu Gott und zum ewigen Leben. Er forderte Menschen auf, seine Jünger zu sein, und sagte Dinge wie: »Wenn ihr nicht tut, was ich hier sage, könnt ihr nicht meine Jünger sein.«[87]

Kurz vor seiner Rückkehr in den Himmel forderte Jesus seine Jünger auf, hinzugehen und die ganze Welt zu ermutigen, an ihn zu glauben, ihm nachzufolgen und seiner Lehre zu gehorchen. Er äußerte sich deutlich über seine Identität, seinen Auftrag und die Bedeutung seines Lebens.

Dennoch ging Jesus mit seiner Bedeutung und seinen Zielen ganz anders um, als viele von uns es tun würden.

Statt vor Stolz zu platzen oder sich nur auf sich selbst zu verlassen, gab Jesus uns ein Vorbild wahrhaftigster Demut. Er erkannte, welche Bedeutung sein Leben und Dienst hatten, und dies trieb ihn zu der notwendigen und bewussten Vertrautheit mit seinem Vater im Himmel. Diese Vertrautheit führte dazu, dass er dem Willen seines Vaters voll und ganz gehorsam war. Jesus' Abhängigkeit ging so tief, dass er erklärte, nichts aus sich heraus zu sagen und zu tun, sondern nur das, was der Vater ihm auftrug.

Ich könnte mir vorstellen, dass das nicht immer einfach für Jesus war. Er hatte außerordentlich harte Entscheidungen zu treffen, weil sein Leben so wichtig war. Und jede dieser Entscheidungen lebte er in Abhängigkeit vom Vater aus.

In der Nacht, in der Jesus gefangen genommen wurde und Petrus dem Soldaten das Ohr abschlug, tadelte Jesus ihn dafür, dass er zum Schwert gegriffen hatte, und sagte: »Wisst ihr denn nicht, dass ich meinen Vater um Tausende von Engeln bitten könnte, um uns zu beschützen, und er würde sie sofort schicken? Doch wenn ich das täte, wie sollte sich dann erfüllen, was in der Schrift vorausgesagt wird und nun eintreten muss?«[88]

Jesus wusste, dass er die Möglichkeit hatte, der schmerzhaften Prüfung der Kreuzigung und des Todes, die vor ihm lag, aus dem Weg zu gehen. Kurz vor dem Vorfall mit dem Ohr hatte er mit seinem Vater gesprochen und ihn angefleht: »Lass diesen Kelch des Leides an mir vorübergehen.«[89] Er wusste, welche Entscheidung er treffen musste. Im allertiefsten Vertrauen und in Unterordnung und Gehorsam gegenüber dem Willen seines Vaters sagte er: »Doch ich will deinen Willen tun, nicht meinen.«[90]

Wir alle sehnen uns nach Bedeutung, nach dem Wissen, dass unser Leben im großen Ganzen und für Gott eine Rolle spielt. Jesus erlebte das auch. Sein Leben hatte größere Bedeutung als das jedes anderen Menschen. Doch Jesus wusste, dass der Schlüssel zur Erfüllung seines höchsten Ziels und seiner Berufung nicht Willenskraft, Intelligenz oder eine Langzeitstrategie war, sondern die vertraute Verbindung mit seinem Vater und vertrauensvolle Unterordnung unter seinen Willen. Und wenn Jesus das nötig hatte, wer sind wir, dass wir meinen, es nicht nötig zu haben?

Mir gefällt dieser Gedanke der Abhängigkeit nicht immer. Ich bin gern mein eigener Chef, der Kapitän meines Schiffs. Vor einigen Jahren nahm ich eine Stelle bei einer Organisation an und war zum ersten Mal seit zwanzig Jahren einem Vorgesetzten unterstellt. Das war hart. Es macht mir noch heute manchmal Probleme. Da kann ich nicht umhin, mich zu fragen, ob Jesus – weil er Mensch war und in jeder Hinsicht versucht wurde wie wir – manchmal auch Probleme mit der Abhängigkeit und dem Gehorsam hatte. Ich weiß es nicht. Aber wenn wir glauben, dass Jesus wichtig ist, und wenn wir glauben, dass ihm nachzufolgen wichtig ist, dann werden wir ihm auch in die Demut der Abhängigkeit und des Gehorsams folgen.

Vor einigen Jahren, als wir im Libanon lebten, hatte ich den Eindruck, dass Gott mich zu einem Akt radikalen Gehorsams aufforderte. Es war eine verrückte Idee (denn Jesus führt uns manchmal dazu, verrückte Dinge zu tun und zu sagen, wie wir wissen). Es erforderte Vertrauen und äußerste Abhängigkeit vom Vater. Und es gab eigentlich keinen guten Grund, es zu tun – es sei denn, ich glaubte wirklich, dass Jesus wichtig ist und dass vertrauensvoller Gehorsam die klügste, weiseste Entscheidung ist.

Ich fühlte mich innerlich dazu veranlasst, jedem Mitglied des Parlaments ein personalisiertes Neues Testament zu schenken – allen 128. Nur wenige Personen hielten das für eine gute Idee (und das teilten sie mir auch mit). Meine eigenen Gedanken stritten dagegen an. Es passte eigentlich nicht zu der Missionsstrategie, für die wir uns zu der Zeit entschieden hatten. Es war zu öffentlich und konnte dazu führen, dass wir des Landes verwiesen wurden. Es gab so viele Gründe, es nicht zu tun ...

Doch ich konnte nicht leugnen, dass Gott ungewöhnlich deutlich zu mir gesprochen hatte. Lauter als die Stimmen, die mir sagten, dass ich es nicht tun sollte. Tiefer als meine eigenen logischen Gedanken, die Einwände vorbrachten. Die leise, sanfte Stimme[91] tief in mir versicherte mir, soweit ich es beurteilen konnte, dass dies der Wille meines Vaters war. Meine Rolle bestand darin, zu gehorchen und zu vertrauen.

Es war schwer. Schwer, die Bücher mit persönlichen Widmungen zu versehen. Schwer, das Geld dafür aufzubringen. Schwer, die Termine zu vereinbaren. Alles war sehr, sehr schwer. Doch ich machte weiter und stellte ein kleines Team auf, das mir half. Ich vereinbarte jeweils einen Termin, besuchte den Abgeordneten in seinem Büro und erklärte, was ich tat. Ich gab ihm das Neue Testament und fragte dann, ob ich für ihn beten dürfe. Und fast alle sagten: »Ja, bitte!«

Ich hatte etwa fünfzig dieser Termine ... und dann wurden wir des Landes verwiesen. Das ist zweifellos bis heute das traumatischste Ereignis unseres Lebens. Und nicht wenige Freunde sagten: »Ich hab's dir doch gleich gesagt.«

War es das wert? Ich weiß es wirklich nicht. Ich habe eingestanden, dass meine Bibel-Verteilaktion wahrscheinlich das war, was zu unserer Ausweisung geführt hat. Doch hätte ich etwas anders gemacht, wenn ich das gewusst hätte? Ich glaube nicht. Besser gesagt: Ich hoffe nicht. Ich weiß nicht einmal, was für positive (oder negative) Folgen diese fünfzig Neuen Testamente nach sich gezogen haben, die ich verteilen konnte. Ich habe seitdem nur zwei jener Abgeordneten wiedergesehen. Aber Gott weiß es.

Dieses ganze Buch handelt davon, zu lernen, solche Gespräche zu führen, wie Jesus sie führte. So zu leben, als ob er wirklich wichtig ist, mehr als alles andere, wird sehr viel mehr als nur unsere Gespräche verändern. Wenn wir glauben, dass Jesus wichtig ist, wenn wir ihn wirklich als König eines neuen und realen Königreichs kennen, zu dem wir gehören, wenn wir ihm als König unseres Lebens vertrauen und uns auf ihn verlassen, können wir dieses Buch nicht einfach lesen und dann weggehen. Wir werden Zeit damit verbringen, ihn durch die Bibel wirklich kennenzulernen; wir werden den Rhythmus seines Lebens kennenlernen; wir werden eine Sehnsucht entwickeln, ihm ähnlicher zu sein. Seine Stimme zu kennen. Seinen Willen zu erkennen – und uns ihm dann in vertrauensvollem Gehorsam zu fügen.

Aus naheliegenden Gründen ist eine meiner Heldinnen Mutter Teresa. Ein Freund von mir traf sie einige Jahre vor ihrem Tod in einem der Heime, die sie in Kalkutta führte. Sie kam gerade von ihrer morgendlichen Gebetszeit (die übrigens um vier Uhr morgens begann) und setzte sich auf eine kleine Bank, um sich mit meinem Freund und seinen Begleitern zu unterhalten (die zufällig alle sehr wichtige Collegestudenten waren).

»Mutter«, fragte mein Freund, »wie machen Sie das? Wie können Sie angesichts von so viel Leid immer weiter dienen?«

Ohne mit der Wimper zu zucken, schaute sie ihn an und antwortete selbstbewusst und ehrlich: »Ich liebe Jesus, wie eine junge Braut ihren Mann liebt.«

Das war's: zehn einfache Worte. (Sie beherrschte die 42-Sekunden-Methode einwandfrei!) Ihre Liebe zu Jesus trieb sie zu einem Leben des radikalen Gehorsams und der radikalen Hingabe an die Armen. Für sie war Jesus wichtiger als alles andere.

Mein Freund, ein großer, maskuliner College-Football-Spieler, versucht seit 25 Jahren, ihre Worte zu verdauen. Diese Begegnung hat ihn verändert.

Stellen Sie diese Woche sich selbst und Jesus die Frage: »Gibt es einen Bereich in meinem Leben, in dem ich immer wieder ungehorsam bin? Gibt es eine Situation, in der ich nicht aus der Abhängigkeit von Jesus lebe? Glaube ich wirklich, dass Jesus wichtig ist?« Bitten Sie um Kraft und Hilfe, ihm in vertrauensvoller Hingabe zu folgen, ganz gleich, was er verlangt. Entscheiden Sie sich dazu, so zu leben, als wäre Jesus wirklich wichtig, wichtiger als alles andere, und Ihre Entscheidungen, Gespräche und ihr Leben werden nie wieder so sein wie zuvor.

Auf den Punkt: Einfach Jesus sein

Während wir lernen, so zu reden und so mit Menschen umzugehen und auf sie einzugehen wie Jesus, haben wir gemeinsam viele unterschiedliche Gebiete durchquert. Und wie versprochen (und wie Sie es hoffentlich erlebt haben) wurden die Aufgaben zunehmend schwieriger und persönlicher.

Das war beabsichtigt, denn für andere »Jesus zu sein« ist tatsächlich unser Ziel. Das ist nicht immer leicht. Jesus zu sein bedeutet, viel von uns selbst zu verlieren. Und wer verliert schon gern?

Jesus hat uns vorgewarnt. Dieses Jesus-Nachfolgen, wenn wir uns wirklich darauf einlassen, erfordert eine Art Tod. »Wer sein Leben für mich aufgibt«, sagte Jesus, »wird das wahre Leben finden.«[92] Wahres Leben. In Jesus. Mit Jesus. Genau das will ich, und ich kann mir vorstellen, dass Sie es auch wollen, wenn Sie es bis hierher geschafft haben und immer noch mit mir unterwegs sind.

Weil Jesus die Welt liebt (ja, jeden auf der Welt – und das ist nicht pathetisch gemeint), will er wahres Leben für uns und alle, mit denen wir in Kontakt kommen. Als seine Freunde (so hat er uns genannt) dürfen wir an seinem großen und schönen Ziel teilhaben, alle Menschen zu ihm zu ziehen – indem wir ihn der Welt zeigen und ihn für die Welt verkörpern. Das kostet uns zwar etwas, aber ich glaube, wir sind uns einig, dass die Belohnung groß ist.

Die ersten drei Teile waren also sozusagen Appetithäppchen vor dem Hauptgericht. (Richtig gute Appetithäppchen, möchte ich hinzufügen.)

Wir haben entdeckt, wie einfache Freundlichkeit – Hallo sagen, Menschen in die Augen schauen, Fragen stellen, kleine Gefälligkeiten tun, den Kindern anderer Aufmerksamkeit schenken – die Tür zu tieferen Gesprächen öffnen kann.

Wir haben über das Geschenk des Präsentseins gesprochen: von Selbstbezogenheit wegkommen, unsere eigenen Unsicherheiten überwinden und uns selbst schenken. Wir haben gelernt, zu sehen, was wirklich bei anderen vor sich geht, unter die Oberfläche zu schauen und das Risiko einzugehen, uns zu entspannen und Fragen zu stellen, um unsere Gespräche zu vertiefen.

Wir haben Situationen betrachtet, in denen Mut gefragt ist – dass wir unsere »Gerstenfelder« auswählen müssen, bei denen wir von Gott her überzeugt sind, dass wir eine feste Stellung beziehen sollen; und wir haben darüber gesprochen, wie wir entscheiden können, wann es gut ist, auch allein zu diesen Überzeugungen zu stehen. Hoffentlich sind wir das Risiko eingegangen, sowohl in Wahrheit als auch in Gnade zu sprechen, und haben gelernt, Gott vertrauensvoll die Ergebnisse zu überlassen, wenn es nicht läuft, wie wir es uns wünschen oder erwarten.

Und jetzt beim »Hauptgang« haben wir darüber nachgedacht, wie es aussieht, sich bewusst in Jesus' Ebenbild verwandeln zu lassen, damit wir ihn in dieser Welt, die ihn braucht, eindrücklich und liebevoll verkörpern können. Wir haben uns herausfordern lassen, einen ehrlichen Blick auf unsere Beziehung zu Jesus zu werfen. Glauben wir, was er glaubte, und leben wir aufrichtig? Investieren wir Zeit, um ihn wirklich kennenzulernen und nicht nur einfach etwas über ihn zu lernen? Glauben wir wirklich, dass seine Heilungskraft in uns wohnt? (Jesus hat ja gesagt, dass wir größere Werke vollbringen würden als er.) Und schließlich: Leben, handeln und begegnen wir Menschen jeden Tag in dem Bewusstsein, dass Jesus – und sein Wille – wichtiger ist als wirklich alles andere?

Ich weiß nicht, wie es Ihnen geht, aber der Gedanke, »Jesus zu sein«, ihn zu repräsentieren und anderen zu zeigen, macht mich so demütig wie nichts anderes. Ich bin dankbar, dass er weiß, dass wir noch unterwegs sind, »dass wir nur Staub sind«[93] und Fehler machen. Ich bin froh, dass er in Ihnen und mir mehr sieht als wir selbst. So wie bei Petrus. Doch ebenso wie Petrus lädt Jesus uns ein, das Risiko einzugehen, auf die Wellen hinauszutreten und zu ihm zu kommen. Uns verändern zu lassen, sodass wir seine heilende Gegenwart in dieser Welt verkörpern können.

Sind Sie bereit?

Tiefer graben und diskutieren

1. Werfen Sie noch einmal einen Blick auf Jesus' Glaubensüberzeugungen, die in Kapitel 16 aufgeführt sind. Haben Sie Probleme mit einem dieser Punkte? Mit welchem oder welchen und warum? Was haben Sie bisher stattdessen geglaubt?
2. Wann haben Sie sich das letzte Mal ganz allein Zeit mit Jesus genommen, um ihn besser kennenzulernen? Wenn das noch nicht so lange her ist, was hat er Ihnen gesagt (oder was sagt er Ihnen)? Wenn es schon eine Weile her ist, wann können Sie sich eine konzentrierte Auszeit mit ihm nehmen?
3. Diese Woche war die Aufgabe, tiefer in unser Leben mit Jesus zu schauen und zu erleben, wie wir und unser Umgang mit anderen Menschen sich infolgedessen verändert haben. Welche der folgenden Möglichkeiten haben Sie ausprobiert? Wie lief es?
   - Tauchen Sie in Jesus' Glaubensüberzeugungen ein. Wo finden Sie Übereinstimmungen? Wo gibt es Widersprüche zwischen seinem Glauben und Ihrem?
   - Gehen Sie einmal in sich und fragen Sie sich und vielleicht einige vertraute Freunde: »Gibt es in meinem Leben Bereiche, in denen Heuchelei herrscht? Bereiche, in denen meine Worte größer sind als meine Taten?«
   - Nehmen Sie sich Zeit, sich wirklich mit Jesus' Worten zu beschäftigen. Sinnen Sie darüber nach. Lernen Sie sie vielleicht sogar auswendig.

- Bitten Sie Gott, Sie auf die nächste Gelegenheit vorzubereiten, die Sie haben, um durch ihn in das Leben eines anderen Menschen heilend hineinzuwirken.
- Überlegen Sie, ob es Bereiche in Ihrem Leben gibt, in denen Sie Jesus ungehorsam sind. Wenn ja, bekennen Sie sie und gehen Sie im Gehorsam weiter.

NACHWORT: EINFACH VON JESUS SPRECHEN

Nur 42 Sekunden. Das ist die Durchschnittsdauer von Jesus' Gesprächsbegegnungen in der Bibel. Ich finde, Jesus war wirklich sehr rücksichtsvoll, dass er seine Gespräche so kurz gehalten hat. Er muss gewusst haben (immerhin war er ja allmächtig), dass wir Menschen der westlichen Welt des 21. Jahrhunderts so beschäftigt mit unserer ganzen wichtigen Arbeit sein würden, dass alles, was länger als 42 Sekunden dauert, wahrscheinlich noch mehr Unbehagen in unserer verrückten Welt verursachen würde.

Danke, dass Sie diesen Weg mit mir gegangen sind. Es bedeutet mir viel, dass Sie mir das Vertrauen geschenkt haben, Sie auf der Reise zu führen, mehr wie Jesus zu sein und etwas im Leben der Menschen zu bewirken, mit denen Sie jeden Tag zu tun haben. Im Nachdenken darüber, wie ich Ihnen diese Inhalte am besten vermitteln kann, bin auch ich erfrischt und herausgefordert worden.

Bevor wir uns verabschieden, möchte ich Ihnen noch drei sehr praktische Beispiele für die Art von ganz gewöhnlichen 42-Sekunden-Begegnungen geben, die die meisten von uns täglich erleben. Wahrscheinlich sind es nicht meine denkwürdigsten Beispiele, aber sie sind echt und noch nicht so lange her, deshalb möchte ich Ihnen davon erzählen. Ich bete, dass jedes davon Sie ermutigt, die gewöhnlichen Augenblicke Ihres Lebens so zu nutzen wie Jesus.

Arman aus dem Spirituosengeschäft

Denken Sie einmal an die Menschen, denen Sie tagsüber begegnen. Ich meine damit nicht unbedingt Familie, Freunde oder Bekannte, sondern diejenigen, denen Sie jeden Tag kurz über den Weg laufen: den Kassierer im Supermarkt, den Fußballtrainer Ihres Kindes, die Leute, die Sie in der Reinigung bedienen, die Empfangsdame in Ihrer Firma. Das sind die Menschen, aus denen das Bild Ihres Tages besteht, die Gesichter, die Sie vielleicht erkennen, aber nicht gut kennen. Und Sie können ganz leicht den Grundton Ihrer Begegnungen mit ihnen verändern, indem Sie so handeln wie Jesus.

Vor einigen Monaten musste ich eine Flasche Wein besorgen. Wir hatten Freunde zum Abendessen eingeladen und wollten zu unserem sommerlichen Grillabend etwas Schönes zu trinken. Also ging ich in das nächste Spirituosengeschäft, schaute mich um, fand etwas Passendes und brachte es zur Kasse. Während ich mich ans Bezahlen machte, um anschließend nach Hause zurückzukehren, fing ich ein Gespräch mit dem Mann hinter dem Verkaufstresen an. Er war offensichtlich noch nicht sehr lange in den USA, also fragte ich ihn nach seinem Namen, wo er herkam und andere einfache Dinge. Es stellte sich heraus, dass er Arman heißt, dass er und seine Familie aus dem Iran stammen und dass sie Muslime sind. Das Gespräch entspann sich dann etwa folgendermaßen:

Ich: »Arman, ich dachte immer, Muslime dürften nichts mit Alkohol zu tun haben. Und Sie betreiben ein Spirituosengeschäft?« (Das sagte ich mit einem Lächeln und einem wissenden Augenzwinkern.)

Arman: »Na ja, meine Familie ist muslimisch, weil wir aus dem Iran sind. So ist das einfach. Und mit Alkohol kann man ein gutes Geschäft machen. Ich bin nicht sehr religiös.«

Ich: »O, okay. Das leuchtet mir ein. Ich bin auch nicht sehr religiös.«

Arman: »Aber sind Sie nicht Christ?«

Ich: »Ja, schon. Das ist mein Hintergrund. So, wie Sie aus einem muslimischen Hintergrund stammen. Aber ich bin eigentlich nicht besonders religiös. Ich versuche nur, Jesus nachzufolgen.«

Arman: »Haben Sie nicht gerade gesagt, dass Sie nicht besonders religiös sind?«

Ich: »Stimmt. Und Jesus war das auch nicht. Er kam mit der religiösen Führungsschicht nie zurecht. Lustig, dass wir ihn heute sogar als Religionsstifter betrachten, oder?«

Arman: »Hm. Na, ich wünsche Ihnen jedenfalls einen schönen Abend. Genießen Sie den Wein.«

Das war schon alles. Insgesamt dauerte das Gespräch circa vier Minuten. Seitdem war ich noch etwa sechsmal in diesem Spirituosengeschäft. Viermal stand Arman hinter dem Verkaufstresen. So langsam werden wir Freunde. Jedes Mal, wenn ich dort bin, bringe ich Jesus zur Sprache.

Für manche von Ihnen ist es sicher nicht normal, ein Gespräch mit jemandem anzufangen und sofort zum Thema Religion, persönlicher Glaube und Jesusnachfolge zu kommen. Aber es *ist* normal, öfter in einem Laden oder anderen Geschäft in Ihrer Gegend zu sein. Wir alle haben Menschen wie Arman in unserem Leben, die wir ab und zu sehen. Vielleicht nicht jeden Tag, aber wahrscheinlich werden wir ihnen wieder einmal über den Weg laufen. Ich versuche bewusst, immer in die gleichen Geschäfte zu gehen, damit ich ihnen erneut über den Weg laufe ... und noch einmal. Und mit der Zeit, wenn man sich hier und dort über das eigene Leben austauscht, wird es ganz natürlich dazu kommen, dass wir den Namen desjenigen aussprechen, der in unserem Leben am wichtigsten ist. Fangen Sie einfach damit an.

McDonald's unterwegs

Ein beträchtlicher Teil unserer täglichen Begegnungen findet mit Menschen statt, die wir höchstwahrscheinlich nie wiedersehen. Stellen Sie sich vor, Sie sind mit dem Auto quer durchs Land unterwegs, weil Sie im Urlaub Verwandte besuchen wollen. Erschöpft stolpern Sie und Ihre Familie aus Ihrem Auto und wanken in ein McDonald's-Restaurant, in der Hoffnung auf Koffein und eine funktionierende Toilette. Es gibt keine Schlange, weil es bald Mitternacht ist. Sie gehen an den Tresen und sprechen mit der Bedienung.

Dieser Augenblick sieht nach nichts aus. Die Person vor Ihnen erscheint Ihnen nicht annähernd so wichtig wie die Frage, wie schnell sie Ihnen einen Kaffee servieren kann. Doch in Wirklichkeit ist diese Person ebenso nach Gottes Bild erschaffen wie alle anderen Menschen, und Sie haben keine Ahnung, was Ihr Moment mit ihr bedeuten kann. Denken Sie an Jesus und die Frau am Jakobsbrunnen in Johannes 4. Das war ebenfalls eine rasche, zufällige Begegnung, aber Jesus nutzte den Moment und veränderte ein ganzes Dorf.

Nun werden Sie um 23:39 Uhr in einem McDonald's an einer Bundesstraße vermutlich keine ganze Stadt verändern, aber wahrscheinlich hat Gott mehr für diesen Augenblick im Sinn als Sie.

Die meisten dieser Angestellten sind es gewohnt, dass den ganzen Tag Leute vor ihnen stehen, ohne sie wirklich anzusehen oder Hallo zu sagen. Sie können dem Gespräch ganz leicht eine liebevolle Note verleihen, indem Sie einfach fragen: »Wie geht es Ihnen?« oder »Wussten Sie, dass Gott Sie wirklich liebt?« Vielleicht verändern Sie damit nicht das Leben der Bedienung bei McDonald's, aber Sie haben die Macht, ihren Tag etwas schöner zu machen.

Was ist mit der Person, die im Flugzeug oder im Zug neben Ihnen sitzt? Oder mit den Handwerkern, die in Ihr Haus kommen?

Selbst wenn Sie eine Ahnung davon hätten, was Ihre Minute Aufmerksamkeit der Person vor Ihnen bedeutet, werden Sie nie erfahren, was Gott mit ihrem Leben vorhat. Was ist, wenn er mitten in einer Liebesoffensive für diesen Menschen steckt und Sie der Nächste sind, der an der Reihe ist? Vielleicht begegnet diese Person ja in den nächsten zehn Jahren 500 Menschen, die alle Jesus nachfolgen und es in ihren kleinen Begegnungen auch ausleben. Das hat die Kraft, ein Leben zu verändern!

SMS und Twitter

Den größten Teil dieses Buches über haben wir über unsere ganz gewöhnlichen *persönlichen* Begegnungen mit Menschen geredet. Aber wir dürfen nicht vergessen, dass ein großer Teil unserer ganz gewöhnlichen Begegnungen in den sozialen Medien stattfindet. Obwohl eine Reihe von Geräten dazwischengeschaltet ist, sitzt vor dem anderen Bildschirm ein lebendiger Mensch.

Wenn Sie alle Begegnungen, die Jesus hatte, nehmen, in Ihre Sprache übersetzen und die Buchstaben zählen, passen die meisten davon in eine SMS oder einen Tweet. Genau genommen umfasst der »Eisbrecher« in jedem Teil dieses Buches weniger als 140 Zeichen. Sie könnten das, was Sie in den sozialen Medien äußern, als völlig unwichtig und einflusslos abschreiben, aber ich bezweifle, dass Jesus das genauso sehen würde.

Ja, Sie können immer noch eine Statusmeldung über das schöne Wetter schreiben oder ein Foto von Ihrer Katze in der Badewanne posten. Aber unterschätzen Sie nicht das Potenzial der alltäglichen virtuellen Welt, etwas am Tag eines Menschen zu ändern – oder in seinem Leben. Ganz gleich, ob Ihre Stimme in der virtuellen Welt Ihrer »Freunde« klein oder groß ist: Nutzen Sie diese Gelegenheit, die Menschen, die Ihre Stimme dort hören, in die richtige Richtung zu stupsen? Wenn jemand alles lesen würde, was Sie posten, würde der Betreffende mehr darüber lernen, was es bedeutet, dass Jesus zu Ihrem Leben gehört? Könnte er oder sie Jesus besser nachfolgen, wenn er Ihren Posts folgt?

Eine sehr praktische Möglichkeit, diese Interaktionen zu nutzen, besteht darin, Sensationsmeldungen Tiefe zu verleihen. Wir lieben Dinge, die unsere Gefühle ansprechen und – enthusiastisch oder mit Abscheu – »aufhorchen« lassen, wenn sie über den Bildschirm flackern. Die neueste Kontroverse, die erstaunlichste neue Technologie, der größte Promi-Fauxpas. Die Leute bombardierten Jesus ständig mit Dingen, die sie in die eine oder andere Richtung aufstachelten. Sie fragten ihn, wie sie sich unter einer ungerechten Regierung verhalten sollten, sie sprachen von nationalen Tragödien und warteten auf seinen Kommentar, und sie lenkten seine Aufmerksamkeit auf die herrliche Architektur in Jerusalem. Immer hörte Jesus, was sie sagten, trat einen Schritt zurück und äußerte sich dann zu der tiefer liegenden Frage. Und wir können seinem Beispiel folgen.

Ob Sie nun der extrovertierteste Mensch der Welt oder äußerst introvertiert sind: Sie haben jeden Tag Momente, Begegnungen mit Menschen, die Ihren Weg kreuzen. Und Sie haben eine einzigartige Gelegenheit, eine Berufung, in diesen Momenten und für diese Menschen wie Jesus zu sein. Das muss gar nicht peinlich sein. Es muss nicht sonderbar sein. Und es muss nicht lang sein. Sie müssen nur den ersten einfachen Schritt gehen. Einen Schritt auf einen anderen Menschen zu. Einen Schritt in der Nachfolge dieses Jesus, den Sie lieben.

Vielleicht brauchen Sie ja nicht mehr als 42 Sekunden, um einfach von Jesus zu sprechen.

STIMMEN ZUM BUCH

Jesus ist der »störendste« Mensch, der je gelebt hat, denn es geht ihm immer um Wachstum – nicht um das Beibehalten des Status quo. Genauso ist mein Jesus-liebender Freund Carl Medearis einer der »störendsten« Menschen, die mir je begegnet sind. Sie werden merken, was ich meine, wenn Sie *Einfach von Jesus sprechen* lesen. Die kurzen »Wahrheitshäppchen« – manchmal lustig, manchmal tiefgründig – werden Ihnen helfen, einen Lebensstil zu entwickeln (oder weiterzuentwickeln), der im Leben von anderen Menschen Frucht hervorbringt. Hören Sie Carl zu und lernen Sie von ihm, und Sie werden den Status quo für ein denkwürdiges Abenteuer hinter sich lassen.

***Rick Lawrence**, Autor von The Jesus-Centered Life,*
Herausgeber von The Jesus-Centered Bible,
Moderator des Podcasts Paying Ridiculous Attention to Jesus

Ich bin ein großer Fan von Carl Medearis. Er ist immer unterhaltsam und dennoch herausfordernd, provokativ und zutiefst biblisch. Bei *Einfach von Jesus sprechen* ist das nicht anders. Entdecken Sie die Kunst, in der Begegnung mit Menschen zum Punkt zu kommen, so wie Jesus es tat – in unserer gegenwärtigen Kultur ist dies dringend notwendig. Dieses Buch wird sowohl ein Segen als auch eine Herausforderung für Sie sein!

***Daniel Fusco**, Pastor der Crossroads Community Church*
(Vancouver/Washington und Portland/Oregon)
und Autor von Upward, Inward, Outward und Honestly

Carl Medearis hat es erneut geschafft. Er bringt riesige Gedanken auf den Boden unserer Realität und hilft uns, wie Dallas Willard oft sagte, »so zu leben, wie Jesus unser Leben leben würde ... wenn Jesus unser Leben leben könnte«. Und eigentlich soll Jesus doch unser Leben leben können. Carl bringt erstaunlich einfache, aufschlussreiche und praktische Vorschläge direkt aus dem Leben von Jesus – und bietet sie uns an, damit wir sie in unserem echten, alltäglichen Leben praktizieren.

***Bart Tarman**, Redner, Künstler und ehemaliger Hochschulseelsorger am Westmont College*

Es ist erstaunlich, wie oft wir mit unseren Worten und Taten die Gute Nachricht, die Jesus verkündigte und verkörperte, nach einer schlechten Nachricht klingen und aussehen lassen. Unsere Welt braucht dringend Jesus-Menschen, die die Einladung ernst nehmen, so zu reden, zu denken und zu handeln wie derjenige, dem wir nachfolgen. Mit diesem Buch bietet Carl Medearis uns einen zugänglichen, wohlüberlegten und äußerst handfesten Leitfaden, wie wir nicht nur sagen, dass wir an die Gute Nachricht glauben, sondern auch mit unserem Leben davon erzählen können.

***Jon Huckins**, Pastor und Mitautor von Mending the Divides*

ANMERKUNGEN

1 Galater 5,22.
2 Siehe Matthäus 4,18-22; Markus 1,16-20; Lukas 5,1-11.
3 Johannes 4,1-26.
4 Siehe Matthäus 19,14.
5 Lukas 24,13-35.
6 Matthäus 9,18-26; Markus 5,21-43; Lukas 8,40-56.
7 Matthäus 9,18; Markus 5,22.
8 Lukas 8,49.
9 Markus 5,36; Lukas 8,50.
10 Johannes 5,6.
11 Markus 10,51.
12 Johannes 21,17.
13 Matthäus 12,48.
14 Johannes 8,10.
15 Matthäus 16,15.
16 Siehe 2. Korinther 5,17; Offenbarung 21,5.
17 Johannes 3,7.
18 Siehe Jesaja 53.
19 Siehe Lukas 21,1-4; Matthäus 15,22-28; Lukas 18,35-43.
20 Matthäus 19,13-15; Markus 10,13-16; Lukas 18,15-17.
21 Matthäus 18,5.
22 Bruder Lorenz von der Auferstehung: Allzeit in Gottes Gegenwart – Briefe, Gespräche und Schriften. Neufeld 2005.
23 Siehe 1. Mose 16.
24 Siehe 1. Mose 16,10-12.
25 Siehe 1. Mose 16,8.
26 1. Mose 16,13.
27 1. Mose 16,13.
28 Lukas 4,22.
29 Lukas 4,25.
30 Lukas 4,26.
31 Lukas 4,27.
32 Brené Brown: The Power of Vulnerability. Video. TED, 03.01.2011. https://www.youtube.com/watch?v=iCvmsMzlF7o (Zugriff 13.07.2018).
33 Matthäus 16,1.
34 Matthäus 16,2-3.
35 Markus 10,17; für das Folgende siehe Markus 10,18-27.
36 Siehe Johannes 4,35.
37 Merriam-Webster (Hg.): Stichwort »humility«, Definition of *humi-*

lity for English Language Learners. https://www.merriam-webster.com/dictionary/humility (Zugriff: 13.07.2018); Deutsch durch die Übersetzerin.

38 Johannes 6,53.

39 Johannes 6,60.

40 Johannes 6,61.

41 Johannes 6,66.

42 Siehe Lukas 5,17; 23,49; Markus 14,70.

43 Matthäus 6,11; Hervorhebung durch den Autor.

44 1. Chronik 11,12-14.

45 Siehe Johannes 8,2-11.

46 Siehe Matthäus 12,1-8; Markus 2,23-28.

47 Siehe Lukas 10,38-42.

48 Matthäus 16,23.

49 Siehe Matthäus 8,14-16; Markus 1,30-31; Lukas 4,38-39.

50 Markus 1,33

51 Siehe Markus 1,36-37.

52 Siehe Johannes 9,6.

53 Siehe Johannes 2,19-20.

54 2. Mose 9,1.

55 Rut 1,16.

56 Siehe Hosea 1,2-3.

57 Siehe Johannes 2,4; 7,6.

58 Johannes 8,7.

59 Johannes 8,10-11.

60 Johannes 8,19; ELB.

61 Johannes 8,21; ELB.

62 Johannes 8,39-40.

63 Johannes 8,41.

64 Johannes 8,43 f.

65 Johannes 8,48.

66 Johannes 8,58.

67 Siehe Matthäus 22,36-40.

68 Johannes 5,19.

69 Lukas 9,59-60; ELB.

70 Siehe Matthäus 4,19.

71 Siehe Markus 1,43-44; 7,36.

72 Siehe Matthäus 8,28-34.

73 Matthäus 12,48 f.

74 Epheser 6,12.

75 Epheser 6,10.

76 Epheser 6,11.13-14.

77 Epheser 6,14.

78 Brannen Manning: Größer als dein Herz, R. Brockhaus 2010, S. 36.

79 2. Korinther 3,18; ELB.

80 Zu den aufgelisteten zwölf Glaubensüberzeugungen hat Bart Tarman eine hörenswerte zwölfteilige Predigtreihe gehalten: Bart Tarman: 12 Beliefs of Jesus. Teil 1–12. Summerland Presbyterian Church, 2015–2016. http://summerlandchurch.org/sunday-mornings/12-beliefs-of-Jesus. (Zugriff 14.07.2018).

81 Johannes 15,13.

82 Matthäus 23,2-3.

83 Johannes 15,7.

84 Lukas 24,32; ELB.

85 Siehe Matthäus 10,8.; Lukas 9,1-2; 10,9.

86 Johannes 14,6.

87 Siehe Matthäus 16,24; Lukas 14,26.33.

88 Matthäus 26,53-54.

89 Lukas 22,42.

90 Lukas 22,42.

91 1. Könige 19,12.

92 Matthäus 16,25.

93 Psalm 103,14.

echt. evangelisch. engagiert.
3E
FRISCHE KIRCHE
die begeistert
ÜBER GOTT KANN ICH NICHT REDEN
BONHOEFFER LÄCHELT:
FRESH X

Ein Mittagsgebet
Stillstand ist Rückschritt!